聞コエル怪談

加藤　一
編著

竹書房
怪談
文庫

※本書に登場する人物名は、様々な事情を考慮してすべて仮名にしてあります。また、作中に登場する体験者の記憶と体験当時の世相を鑑み、極力当時の様相を再現するよう心がけています。現代においては若干耳慣れない言葉・表記が登場する場合がありますが、これらは差別・侮蔑を意図する考えに基づくものではありません。

本書の実話怪談記事は、聞コエル怪談のために新たに取材されたものなどを中心に構成されています。快く取材に応じていただいた方々、体験談を提供していただいた方々に感謝の意を述べるとともに、本書の作成に関わられた関係者各位の無事をお祈り申し上げます。

巻頭言

加藤　一

本書『聞コエル怪談』は、音に因んだ怪談集である。……と前置きすると、「声が聞こえただの、物音がしただの、そんな話はありふれている」という声が聞こえてきそうだが、本書では、「歌、楽曲、楽器、それに類すること全て」を採話蒐集の範疇《はんちゅう》とした。

〈霊視〉という言葉があるように、実話怪談で語り継がれる体験談は目撃談が圧倒的に多いのは確かだ。怪談屋が取材するときですら、「何か怖いものを視たという話はありませんか」と訊き歩いたりする。つまりは、幽霊・心霊を視覚で捉える前提にこそ我々著者も読者も囚われている。

しかし、彼らが我々に干渉してくるとき、それは常に〈姿を現す〉ということにのみ限定している訳ではない。見えないのに触れられ、見えないのに匂い、そして姿形がどこにもないのに聞こえてくる。

怪異は歌い、時に奏でる。楽器に棲み着き、ホールに居つき、音楽室を根城にする。

本書は、読む〈真夜中の音楽会〉である。お好みの音楽を傍らに頁を繰っていただきたい。目を凝らし、耳を欹《そばだ》てて、のめり込んでいただきたい。

目次

子守らない歌

それは去年のこと。

桜井さんは、とあるマンションを新婚家庭のスタート地点として選んだ。

築年数は二十年を越えていたが、内装も外壁も補修済みで、暮らすには十分な物件である。何よりも魅力的なのは、賃貸料の安さだ。

将来的には家を建てるつもりであり、それまではここで頑張ろうと夫婦で話し合って決めた。

暮らし始めて分かったのだが、このマンションは居住者が極端に少なかった。

例えば隣の角部屋。四階で見晴らしも風通しも良いはずなのに、ずっと空いたままだ。

当時、妻の多佳子さんは既に妊娠三カ月であった。赤ん坊の夜泣きとかを考えると、空き部屋のままなのは寧《むし》ろ好都合ともいえる。

その思いが通じたのか、部屋は一向に埋まらなかったという。良かったと安心する反面、何故空き部屋のままなのか疑問が湧いてきた。

そもそも、自分達は何故この部屋を紹介されなかったのだろう。

一旦、気になると我慢できなくなってきた。不動産屋を訪ね、率直に色々と訊いてみた。

「ああ、入居者が少ないのはですね、やはり古い物件ですのでね、人気がないのは確かなんですよ。それと、あの角部屋は前の住居者が雑に使っていまして。補修に結構な金額が必要で、なかなかゴーサインが出ないというのが現状です」

すらすらと澱《よど》みない答えだ。申し分のない完璧な返事だった。


引っ越して数日経った真夜中、桜井さんはふと目を覚ました。

枕元のスマホは午前二時十七分。ぼんやりした頭で、目覚めた理由を探す。

トイレではない。腹が減った訳でもない。

暫《しばら》くして、桜井さんはようやく気付いた。歌だ。歌が聞こえる。女が歌っている。

そのせいで目が覚めてしまったらしい。

部屋の左側、角部屋があるほうからだ。ゆっくりと身体を起こし、灯りを点けた。

もう一度、歌が聞こえた。歌は、壁の向こう側から聞こえている。

こんな夜中に迷惑だなと思った瞬間、桜井さんは気付いてしまった。

隣は空き部屋のはずだ。これほどはっきりと歌声が聞こえてくるのもおかしい。

ふと、不動産屋のあの不自然なほど流暢な回答が思い起こされた。もしかしたら、自分のような問い合わせは一度や二度ではなかったのかもしれない。余計な情報をそぎ落とした完璧すぎる回答によって、不動産屋が伏せようとしていたのが、これか。まさか、自分が聞こえてしまう人間だったとは。

壁の向こう側で何が起こっているか想像もできないが、一つ分かったのは、聞こえているのが子守歌だということである。

知らない歌ではあるものの、詞の内容は子守歌そのものだった。

〈あやかちゃんは世界一可愛い、ママの宝物よ、あなたが生まれて良かったわ〉

頭に浮かんでくる我が子への愛を単調なメロディに乗せているようだ。もしかしたら自作の歌なのかもしれない。

多佳子さんは、隣で穏やかな寝息を立てている。どうやら全く聞こえていないようだ。となると、これは自分一人だけの問題となる。

今のところ、聞いている側に直接的な被害はない。怖くないと言えば嘘になるが、育児で忙しくなれば、そんな悠長なことは言っていられないだろう。

これだけしか起こらないのなら、何とか我慢できそうな気もする。

正直なところ、新しい物件を探す手間と金が惜しい。

恐怖と折り合いを付けた桜井さんは、目を閉じ、再び眠りに就こうとした。

その瞬間、子守歌が変化した。声が大きくなったとかではない。

うっすらと聞こえてくる歌詞が、とんでもない内容になってきたのだ。

〈あやかちゃん何故泣くの　もうわけ分かんない　泣きたいのはこっちよ　毎晩毎晩泣き

やがって　餌もちゃんとあげてるだろうが〉

〈うるさいうるさいうるさい　黙れ黙れ黙れ　首絞めるぞ壁に叩きつけるぞクソガキ〉

余りにも凄まじい内容だったので、今でも一言一句正確に思い出せるという。

耳を塞いでも聞こえてくる。頭に直接響くようだ。

酷い歌詞なのに、メロディも歌声も穏やかなままなのが余計に気持ち悪さを増す。

再度、隣の女は、うるさいうるさいと繰り返し始めた。

〈黙れ黙れ黙れ　首絞めるぞ壁に叩きつけるぞクソガキ〉

その瞬間、激しい音とともに壁が揺れた。それと同時に子守歌が止んだ。

何が起こったのか、容易に想像できる。桜井さんは恐る恐る壁に近付き、耳を当ててみた。

女が、くすくすと笑っている。

その夜、再び子守歌が聞こえることはなかったが、桜井さんは夜が明けるまで眠れなかったという。

眠気が頂点に達しているが、仕事を休む訳にはいかない。桜井さんは、コーヒーを飲みながら身支度を始めた。

起きてきた多佳子さんが驚いている。

早朝出勤があるのを忘れていたと誤魔化し、桜井さんは家を出た。

その日、覚悟を決めて床に就いたが、歌は聞こえてこなかった。翌日もその次の日も静かなままだ。

安心したのも束の間、一週間後に全く同じ状況が訪れた。

要するに、歌が聞こえるのは毎日曜日の深夜なのだ。だとしたら、尚の事我慢しやすい。

桜井さんがようやく歌に慣れた頃、待望の我が子が生まれた。愛らしく育ってほしいと願いを込め、愛美と名付けた。

予想通り、育児は大変だった。歌を気にしている暇などない。皮肉にも、愛美ちゃんは夜泣きが少なく、その点で大いに助かった。

子守歌を歌う必要もないほどだ。隣室の歌の主に、そっちは大変だねと呟く余裕すらできた。

父親になって三カ月が過ぎた。

とある日曜日の朝、朝食を終えた桜井さんは、眠る愛美ちゃんを見つめながら幸せを噛みしめていた。

可愛くて堪らない。結果的に、ここで暮らしたのは正解だったのだ。

多佳子さんは、編み物に夢中だ。今は靴下を編んでいるらしい。

器用に指先を動かしながら、多佳子さんは小さな声で歌い出した。

コーヒーカップに手を伸ばしかけた桜井さんは、その姿勢のまま固まってしまった。

多佳子さんが、あの歌を歌っている。

〈まなみちゃんは世界一可愛い、ママの宝物よ、あなたが生まれて良かったわ〉

名前が違うだけで、メロディも歌詞もあのままだ。

「おい。何を歌ってる。どういうつもりだ」

思わず声を荒らげてしまった。きょとんとした顔で、多佳子さんが答えた。

「歌？　何のこと？」

どうやら全く自覚せずに歌っていたらしい。丁度そのとき、愛美ちゃんがぐずり始めた為、会話はそれきりで終わった。

だが、多佳子さんは、それからも事あるごとに歌い出した。

今のところ、歌うのは前半部の穏やかな箇所だけである。気にはなるが、無意識なだけに止めようがない。

だとすれば、無理に引っ越す必要はないだろう。

新しい物件を探す手間と金が惜しい。最初に聞いたときと同じ理由を引っ張り出し、桜井さんは放置することに決めた。

それが間違っていたと気付くのに、さほど時間は掛からなかった。

ある朝、多佳子さんは唐突に次の段階へ進んでしまった。

〈あやかちゃん何故泣くの　もうわけ分かんない　泣きたいのはこっちよ　毎晩毎晩泣きやがって　餌もちゃんとあげてるだろうが〉

〈うるさいうるさいうるさい　黙れ黙れ黙れ　首絞めるぞ壁に叩きつけるぞクソガキ〉

寸分違わぬ歌になっている。名前も同じだ。

多佳子さんは、歌いながら愛美ちゃんを激しく揺すり、足を持ってぶら下げた。偶々《たまたま》その場にいなければ、壁に叩きつけていたかもしれないという。

現在、桜井さんはマンションを引き払い、実家で暮らしている。愛美ちゃんは親の手を借りて育てている。

多佳子さんは実家に戻ったままだ。毎日のように大声であの歌を歌っているらしい。

魅了

二十二年前、夏美さんは鹿児島に傷心旅行に来ていた。

暇潰しに入った土産物屋で目に留まった白い巻き貝を、何となく購入した。

すぐにホテルに戻るのも気が進まず、海へ向かって散歩する。浜辺に近付いてくると潮の香りが強くなる。どよんとした鈍い紺色の海。波の音が響いた。

曇り空の下ではあったが、波打ち際に一抱えほどの石があるのが見えた。

目的がない散歩の終着点を、石が見える位置の堤防までとした。

そこに腰掛け、巻き貝を取り出して眺めた。手のひらに収まる大きさの貝。

幼少期に、中から海の音が聞こえると教わったことがある。そう思い、耳に当てた。

しおしおとした空間の音。

そのうち、それが波の音に感じられるようになってくる。

ここまでは幼少期の記憶通りだったが。

ハミングのようなものが混ざり始めた。

（え？）

耳を疑い、貝を外す。周囲に歌ってる人などいない。

もう一度耳に当てる。やはりハミングが聞こえる。

視線を泳がすと、呼ばれたかのように正面の石に目が留まった。

石には無数の黒い綿埃がまとわりついていた。綿埃から虫のような手が伸びて、表面を撫で回している。その様子から目が離せなくなった。

綿埃が飛び跳ねると、歌声も高い音を出す。

撫で回しているときは、落ち着いた旋律になる。

石は食べられているようで、徐々に小さくなっていった。

『きもちいいねぇ。きもちいいねぇ』

小さく、声が聞こえた。

(あの埃の、声?)

石がなくなると同時に埃と声は消えた。

夏美さんが近付くとそこには白っぽい小石が散らばり、ほのかに不思議な香りがしていた。

彼女は未だにそのときの巻き貝と小石を大切にしている。

貝からの潮騒の音楽を聴き、竜涎香《りゅうぜんこう》を嗅ぐ。

すると、とても気持ちがいいのだそうだ。

緑閃光

日常生活に於いて、音楽が使われることは多々ある。

例えば、電車の発車メロディや夕刻の音楽、入店音。学校のチャイムなどもそうだろう。

マキさんは、日常にある音楽が一遍に変わった日を経験した。


それは高校生のときだった。

朝、学校に向かう為にいつもの電車に乗りこむ。

発車メロディで『夕焼け小焼け』が流れた。

妙に耳につき、思い返せば前日までは別のメロディだった気がした。

学校の最寄り駅まで乗り換え含めて八駅。その八駅、どの駅でも発車メロディが『夕焼け小焼け』になっていた。

この時点では何も感じていなかったのだが、電車を降りると異変に気が付いた。

コンビニの入店音や学校のチャイム、聞こえる全ての音楽が『夕焼け小焼け』に変わっていた。

教室に到着するなり、すぐに友人に駆け寄った。

「ね、アヤちゃん。今日なんか変じゃない？」

「何で？」

「駅とかコンビニとか……全部『夕焼け小焼け』が流れてて」

アヤさんのＰＨＳが鳴る。それも、夕焼け小焼け。

「え……」

「全部、ずっとこれじゃん」

ＰＨＳを触りながら、今更だと小馬鹿にするように笑われる。

親友だと思っていた人間にそのような態度を取られたのは初めてのことだった。

それからアヤさんと何度か会話を試みたが、どことなく居心地の悪い空気になるだけだった。

マキさんは人間関係の不安を胸に、下校時刻を迎えた。


街中、あちらこちらで流れる同じ曲が、不自然に重複して不協和音のようになっていた。

厚い雲が掛かり、赤黒く澱んだ色をした夕暮れ空。そこに大きく、夕刻の音楽が響く。

〈夕焼け小焼けで日が暮れて〉

〈山のお寺の鐘が鳴る〉

夕刻の音楽が流れた瞬間。

何処からか魚が腐ったような臭いがした。

「くさい……」

鼻で呼吸できないほどにきつい。

付近にそれらしい原因は見つからない。

通行人が動く度に臭いが増していく。

街ゆく人々、というよりも街全体が腐臭を漂わせているように思えた。

〈お手々繋いでみな帰ろう〉

〈鴉《からす》と一緒に帰りましょ〉

雲越しに沈みゆく深紅の夕陽が、視界に入る。

それは、急に緑色に強く光った。

眩しさにぎゅっと目を閉じる。

そして恐る恐る目を開けた。

そこに広がっていたのは、いつもの街。そして茜色の夕暮れ。

臭いも澱んだ空も、何一つとして残っていなかった。

その直後から、夕焼け小焼けに変わっていた音楽はそれぞれ全く別のものになっていた。

翌日学校へ行くと、昨日とは違って愛想がいいアヤさんがいた。

アヤさんのＰＨＳが鳴る。アヤさんの好きな歌手の曲だった。

「……着メロ、変わったよね？」

「え？　ずっとこれじゃん」

この日、夕刻には『七つの子』が流れた。

夕焼け小焼けの前は何だっただろうと考えたが、電車で考えたとき同様、全く思い出せなかった。


これ以降、彼女に不可解なことが続く。

家や教室、普段の生活に違和感が生じたのだ。

記憶にないものが存在し、あったものがない。

自分の所有物や身体のホクロでさえ同じことが起こった。

それに加え、夕陽が緑に光った現象。

それが緑閃光と知り、また見ることができないか調べてみたそうだが、自分の住む地域では観測できる環境になかったそうだ。

自分が生きている世界が正解か分からない、とマキさんは話す。

二十年以上前のことだというが、未だ答えは見つからないらしい。

あの日を思い出し、茜色の夕暮れを仰ぐばかりだという。

どんぐりころころ

北村さんはとある賃貸アパートで暮らしている。

ここで暮らしてから五年は経過しているが、それまでに変わったことなどはなかった。

「そろそろ寝ようと思って、ベッドの上で携帯を弄ってたんです」

微かな音量で音楽が聞こえているような気がした。

テレビの消し忘れかと思い身体を起こすが、画面は暗くなっている。

気の所為《せい》かと思い直しまた横になると、やはり微かに音楽と歌が聞こえていた。

「童謡のどんぐりころころですか。あれがずーっと聞こえてくるんです」

ベッドの下から聞こえてくるのかと覗き込むが、音の正体は見つからない。

もしかしたら隣室から聞こえてくるのかと壁に耳を当てるが、どうもそうではないらしい。

「ああいう微妙な音って、気になり出したら煩《うるさ》く感じるじゃないですか」

部屋中を探しまくるが、そのような音を出すものは見つからない。

そもそも独身で三十代半ばの北村さんが、童謡が流れるような物を家の中に置いているはずはなかった。

結局、その日は安眠という訳にはいかず、ずーっと耳元ではどんぐりころころが聞こえ続けた。

翌日、目が覚めても童謡は聞こえ続ける。

北村さんは自分の頭の問題だと思い始めていた。

「病院へ行くことも考えたんですが、説明するのが難しいですよね。精神異常と思われるのも嫌ですし、我慢して職場に向かいました」

パソコンに向かっていても、トイレに入っていてもどんぐりころころは聞こえ続ける。

そんな状態が長時間続くと、少し理性が壊れかけてきた。

「知らぬ間にクスクスと笑っちゃうんです。頭の中で一緒に歌を歌ったりもしてました」

同僚から奇異の視線を向けられているような気もする。

もういっそ、大声で歌ってしまうことで、自分のことを全て理解してもらおうという突飛なことまで思い始めていた。

それからは何とか自分を制御しつつ、パソコン作業に勤しむ。

もう少しで一区切りが付きそうだ、と思った直後から数分間は記憶が飛んでいた。

——北村さんは自分のデスクの上に立ち、大声でどんぐりころころを熱唱していた。

はっ、と我に返ると、唖然とした表情で同僚は自分を見つめていた。

「あっ、これは違って、その……」

直後に周囲は爆笑に包まれる。

顔を真っ赤にした彼は椅子に座り直す。

「北村君、勤務時間にカラオケはダメだ。どうしても歌いたいなら、トイレにでも籠もってその歌を歌いなさい。どんぐりころころ——ってな」

課長の嫌味で周囲はまた大笑いする。

「いやあのほんとすみません。何かすみませんでした」

恥ずかしさの限界でその場から逃げ出したいが、そうしてしまうと今後のことに響く。下手をすればこの会社にいられなくなるかもしれないと、グッと堪《こら》えた。

(あれ……？)

気が付くと先ほどまで聞こえていた童謡が止んでいた。

一時的なものだった。精神異常でも何でもなかったと北村さんは安堵した。

その後は仕事も滞りなく進み、歌のことで多少は同僚から弄られるも、悪ふざけとして受け取られたらしい。

気分良く帰宅した北村さんは、お風呂に入ろうとリモコンでお湯を溜める。

その間、携帯を弄っていると、聞き馴染みのあるメロディの後、お知らせ音が響いた。

『……お風呂が沸きました。……どんぐりころころ、どんぶりこ、お池に……』

——収まったはずの曲が聞こえてきた。

既にリモコンから聞こえている訳ではない。

北村さんの脳内で大音量で流れ続けている。

「あー、うるさい、うるさい！ やめろ、黙れって！」

幾ら声を上げようが、流れ続ける童謡は収まる気配を見せない。

「もういいわ、好きにしろ！ 俺も好きに生きる！ そうだ、風呂が溜まったんだから風呂に入らなきゃな！」

半ばやけくそで衣服を脱ぎ捨てると、湯船に飛び込む。

先ほどまで聞こえていた音量が控えめになった。

(あれ、風呂場だと静かに聞こえるものなのか？)

通常、風呂場では反響して音が響きやすいものだが、脳内の音は別物らしい。

そう解釈すると、少しでも騒音を鎮めたいと彼は鼻先ギリギリまでお湯に浸かった。

「ふう……」

一呼吸入れた瞬間、彼の目の前に二十センチ大の楕円形の物が浮かび上がり、直後にお湯に沈んで消えた。

何事かと立ち上がり湯船の中を覗くが、何一つそれらしいものは見当たらなかったという。

そして、どんぐりころころはピタリと止んでいた。

「それが何だったのかはよく覚えていないんです。でも記憶というか心の中では、アレは見てはいけないものだったと認識しているんです」

それ以降、北村さんは例の童謡を聞くことはないまま過ごしている。

歌声の隣に

誰もが三組の優勝を、信じて疑わなかった。

アッコさんが通っていた中学では、毎年初秋に全校挙げての合唱コンクールが開催されていた。各学年ごとに優勝クラスが選出され、三年生の優勝クラスは卒業式に舞台上で歌唱を披露するという機会が与えられる為、大変名誉なこととされていた。

アッコさんが三年生になった際、今年のコンクールの優勝は三組に間違いないと早くから言われていた。三組は二年時にも優勝していたし、球技大会などでも優秀な成績を収めるような、素晴らしい団結力のクラスであったからだ。そんな三組をアッコさん始めとする他クラスの生徒は、口では「三組はイイ子ちゃん集団」などと揶揄《やゆ》していたが、実際には青春を謳歌《おうか》し輝いて見えた三組を羨ましく感じていたのかもと、彼女は述懐する。

合唱練習に於いて三組を率いていたのは、ピアノが上手な女生徒Aさんと、明るく人気者で歌の上手い女生徒Eさんの二人であった。朝練や放課後練を重ねる三組の教室から聞こえる、力強い歌声を耳にした他クラスの生徒達は「敵う訳がない」と、はなから勝負を諦め、教師達も模範的な生徒の集まりであった三組を「優勝は確実だな」と褒めそやした。

だが、町の公会堂で開催されたコンクール当日の三組の発表は酷い有様で、散々な結果となった。

伴奏を務めたAさんは何度も間違え手が止まり、ソロパートを歌うはずのEさんは声が出ず、合唱途中で泣き出ししゃがみ込んでしまった。他の生徒が何とかカバーして発表を終えることはできたが、合唱としては到底成立したものではなかった。優勝へのプレッシャーに二人は耐えられなかったのかもと皆は噂したが、アツコさんは三組の別の女生徒から「ここだけの話」と内情を聞かせてもらうことができた。

まずは、Eさんの視点で語る。

三組の合唱が始まって暫くすると、Eさんと彼女の隣で歌う女子生徒との間に、誰かが立っているのが横目に見えた。自分達の学校とは違う、詰め襟らしき制服。だが、肩に触れるほど近くにいるのに、その男子生徒からは質量というものが一切感じられず、寧ろ彼が立つ身体の左側に、言いようのない寒気を覚えた。おまけに男子生徒は「あぁぁ、あぁぁ」と低く震えるような声で、合唱曲とは無関係な音階を歌い続けている。

こんなにも異常な状況なのに、観客も周囲の生徒も誰ひとりとして動揺する素振りを見せない。いや、ピアノを演奏しているAさんだけは、気付いてくれているようだった。自分のほうに何度も視線を向けていたし、幾度か目も合った。何かに怯えるような表情で、ミスも多く、いつもの力強い演奏は聞かれない。恐らくAさんだけには、自分の隣の謎の男子生徒が見えているに違いない。Eさんは確信した。Aさんがつっかえながらも演奏を続けている以上、自分も合唱を中断する訳にはいかないと、必死に歌に集中しようとしたが、見知らぬ男子生徒は更にずいずいと身体をEさんに寄せてくる。恐怖で身体も震え目には涙まで溢れてきたが、何とか追い払うことはできないかと、Eさんは思い切って睨みつけてやろうと男子生徒へ顔を向けた。

と、同時に男子生徒もEさんへ振り向いたが、目と目が合うより先に、彼の口元に視線が釘付けになった。

大きく開かれたカサついた口元から覗いた赤黒い咥内に、幾重にも並んだ無数の歯が喉の奥まで続いているのを目にしたEさんは、衝撃の光景に我を忘れ、そこから自分がどうしたのか覚えのないまま、気が付けばホールのロビーで号泣しており、クラスメイトに慰められていたという。

ピアノ伴奏のAさんによれば、見知らぬ男子生徒の姿は捉えられなかったが、合唱中Eさんの隣に黒い人影が何度も消えたり現れたりしているのを目撃し、動揺してしまったとのこと。緊張からくる、Eさん達の幻覚であろうと三組の中では決着を付けたらしいのだが、この件には更に後日談があった。

「今年の合唱コンクールの写真、消されちゃったんだけれど」

アツコさんが通っていた中学にはホームページがあり、行事ごとに生徒達の写真が掲載され、生徒や保護者はパスワードを入れて閲覧できるようになっていた。更新頻度も遅く、開くのにも時間が掛かり過ぎると評判は今ひとつであったが、アツコさんのお母さんはサイトの更新を楽しみに、日常的に覗いていた。お母さんが言うには、合唱コンクールの写真は確かに一時期掲載されていた。三学年分全クラスの写真が載っていたのに、後日記事ごと消されてしまった。掲載時に何故か写真の一枚だけが、何度サイトをリロードしても真っ黒のままで表示され、結局記事が消されるまで見られなかった。そのクラス写真こそが、三年三組の画像であった。気になったアツコさんは担任に写真が消された理由を幾度か訊ねたが、

「何でかしらねぇ。今度担当の先生に訊いておくわね」

毎度軽くあしらわれ、コンクールでの一件もさほど話題にならないまま、卒業を迎えてしまった。

太陽のように明るかったEさんは別人のように暗くなり、卒業後は何処か県外の高校に進学し、あれだけ仲の良かった三組のクラスメイトとも連絡が途絶えたという。

木やり歌

長野県に住まう律子さん。彼女の幼少期の話だ。

地元の祭りの為に「木やり歌」を練習していた。

それは自分から言い出したのか、それとも家族がやらせていたのか、記憶は定かではない。

ただ、公民館で大人達に褒められながらの練習が心地良かったのを覚えているそうだ。


この祭りは七年ごとに開催され、二カ月程度を要する。

山から木を切り出し神社に奉納するのだが、木は十トン以上になる上に、それが山から滑り落ち、川を渡り、町を練り歩く。車や機械などは使わず全て人力で曳《ひ》き、その距離は十キロを優に超える。

この道中、要所要所で歌われるのが木やり歌だった。

木やり隊が独特な高音で歌い、離れている人間に曳きどころを教えるのだ。

律子さんはその中の一人として参加していた。


木が川を渡るときだった。

木やりが始まると、周りは歌に合わせてヨイサヨイサと声を出す。
子供ながらに頼られているのが感じられ、頬が紅潮していった。
もっと大きな声を出し、皆に褒められたい。
陸から木に向かってひたすらに最後の声を張り上げた。
〈――ヤァーどうでもこうでもお願いだ〉
〈ヨイサッヨイサッ〉
この瞬間、川の水が大きく波立った。
小さな津波のようなものが幾度となく木や人々を飲み込んだ。
勢いは強く、木から一人、落ちた。
波が当たる度に沈みかけている姿、それは老婆だった。
律子さんは慌てた。
「ねぇ！　あの人落ちた！」
「落ちることもあるだ。大丈夫だぁ」
人が溺れているというのに、木やり隊の隊長は全く動じない。
そのうちに老婆は濁流に押し流され始めた。
波の間でもがく、皺《しわ》だらけの指。
あっぷあっぷと出てくる顔は苦痛に歪んでいる。

堪らず隊長に縋《すが》りついた。

「死んじゃう！　死んじゃうよ！」

「こんな浅瀬じゃ死のうとしても死なねぇよぉ」

「第一、誰も溺れてないだら《だろ》？」

隊長が川を指差す。

そこには活気溢れる人々が腰までを濡らしながら木を曳く姿があった。

津波ほどの波は発生しておらず、溺れる老婆を探すが見当たらない。

「えぇ……おばあさんが溺れてたと思ったんだけど……」

「んにゃ。バァさんなんか木ぃ曳かねぇし。見たことないだろ」

川を覗き込んでみると、白く濁った水が流れているだけ。

祭りのせいで波が立っているが、どう見ても誰かが溺れて流されるような状態にはなかった。

何もないと分かっても、早鐘を打ち続ける心臓が苦しかった。

暫くすればまた木やりの順番が来る。

しっかりやらねば褒められないかもしれない。

老婆のことよりも歌うことの不安を覚え、休憩所に駆け込んだ。

「褒められたいんだら《だろ》？」

隅で小さくなっていると頭上から野太い声が聞こえた。

見上げるが、誰もいない。

「褒められたいなら、バァさん助けな」

「お願いだって歌ったじゃねぇか。叶えてやるよ」

「バァさん助けたらずっと褒められるでよ」

次々と言葉が降ってくるが、声の主は見当たらなかった。

がやがやとしている中ではっきりと聞こえたのにだ。

そして「溺れてるからな」という言葉を最後に、聞こえなくなった。


律子さんが川に戻ると。

川は荒れ狂い、木や人は消えていた。

控えていた両親も木やり隊もいない。

ごうごうと流れる川の中、老婆を見つけるのにそう時間は掛からなかった。

彼女は老婆へと手を伸ばした。


「邪《よこしま》な思いで歌ったもんだから、バチが当たったんだと思います」

彼女は祭りの最中、川で溺れたと話す。

老婆に川の中へと引きずり込まれたそうだ。
そして、水ががぼがぼと喉に入ってくるのを感じながら、意識を手放した。
息を吹き返した際に「えらい子だ。よく頑張った」と言われたのが衝撃的だった。
彼女はもう木やりを歌わないと決めている。

紫のリボン

長野県のお祭りで、七年ごとに一度開催される「御柱祭り《おんばしら》」というものがある。

日本の三大奇祭に数えられ、山から大木を切り出し、川や町の中を曳いて、神社へと奉納する。

二カ月以上も続く祭りの期間中、主要の四つの宮以外の神社も御柱が新しくなる。

神社一つにつき四本。敷地の四隅に鉛筆のように尖らせた柱を立てるのだ。

主要の宮と変わらず、木を町の中、曳き歩く。規模の小さい神社であっても数十人規模で柱を奉納するのだ。

このときに「木やり」という歌を歌う。

曳く為の力加減を歌で合図するもので、男性であってもキンキンに響く高音で歌うのが特徴だ。伝統芸能の一つとして幼い子供が習うことも多い。

沙雪さんは小学生のときに木やりを習い始めたそうだ。

沙雪さんは、本当は木やりを辞めたかった。

声が小さいと指導され、声を張れば音程が外れる。

練習を重ねることが大切だと言われても、家族や友達に聞かれるのは嫌だった。毎回のように注意されるうちに、他人に木やりを聞かれるのが恥ずかしくなっていたのだ。

しかし、練習しないのは良くないと理解していた。

考えついたのは、家の裏にある祠の前での練習だった。

彼女の家の敷地は広く、母屋から離れた場所に物置と小さい祠があった。

その辺りでの練習ならば、家の中にいる家族には聞こえないだろう。

林のようになっているので、敷地の外から見られることもない。

学校帰りにすぐに家へ入らず、そこで毎日練習することに決めた。

少しばかり早足で下校し、祠に向かって歌う。三十分ほどしたら家に入った。


一週間ほど経った頃。

喉が楽になっていることに気が付いた。

無理に出している感覚はなく、身体の中心を声が通っていく。

音が口に籠もるのがもったいない。

そう思って口を大きく開ける。頭蓋まで震える高音が出た。

気持ち良さを感じ、何度も繰り返し歌う。

空が茜に傾き始めていた。既に、いつもの練習時間を越えている。
頭では帰らなくてはと思っている。
それでも、何故か辞められなかった。
彼女は祠に向かって歌い続けた。
額から汗が一筋流れ落ちる。
祠から、するりと白く細い煙が立ち上がった。
煙はまるで意志を持っているかのようだった。
祠の窓から出てきた部分が、自分の方向に大きく動き出した。
沙雪さんは未だ歌い続けていたが、驚きで唾液を飲み込み、むせた。
そのましゃがみ込んで、背を丸くしたまま咳き込み続けた。
元よりそのつもりだったのか、それとも木やりが止まったのが気に入らなかったのか。
煙は彼女の周りをぐるぐると回り始めた。
徐々に濃くなる白い煙に視界が遮られる。
このままでは全身を覆い尽くされるかもしれない。
「ごめんなさい。ごめんなさい。ごめんなさい……」
やっとのことで歌い過ぎた喉から嗄《か》れた声を絞り出した。

震えながら見ていると、沙雪さんへと向かってきた。
そして素早く首元に巻き付いた。
喉を押さえたが、煙はほどけない。
苦しくはないが、喉の奥で何かが膨らむ感覚が押し迫る。
「ゲホッ」
吐き出されたのは、紫のリボンだった。
まだ喉の奥に繋がっている。
それなのに、やはり苦しさは感じない。
口から垂れていたリボンがふわりと浮かぶ。
大きく開いた口から、するするとリボンが空へと向かう。
延々と出てくるリボン。
上を向くと、リボンと空が同じ色だということに気が付いた。
太陽が沈み、夜の帳《とばり》が下りる頃の色。
昇っていくリボンは、空と完全に同化していた。
リボンの終わりが口から出る頃、煙は消えていた。
暗闇の中、地面の上でへたり込む自分がいるだけ。

母屋のほうでは沙雪さんがいないと騒ぐ大人達の声が聞こえた。

慌てて力の入らない身体を引きずって家へと向かった。


その後、彼女は玄関で倒れ、高熱で三日間寝込んだ。

汗を掻いたまま遅くまで遊んでいたからじゃないかと叱られた。

家族は練習に気付いている素振りを見せなかった。しかし、そもそもが遠くの人間まで伝える為の歌だ。子供の声であっても、練習しているのに気付かないことがあるだろうか。

大人になってからそのときのことを訊いても、誰も沙雪さんの練習を知らないという。


現在、沙雪さんは木やりを教える立場になっている。

空で待っている

デヴィッド・ボウイが流れると、初恋を思い出す。

一九八〇年代、当時の理香子さんは洋楽好きの女子高生だった。チェッカーズにシブがき隊、サザンにALFEE。同級生の女子達は日本のアイドルやバンドに夢中で話が合わなかったが、入部した吹奏楽部で運命の出会いがあった。

一学年上の先輩男子に、筋金入りの洋楽ファンがいた。意気投合し、海外のロックバンドについて語り合ううちに惹かれ合い、お互いが大切な存在になるまでに時間は掛からなかった。

当時の洋楽ロックで、特に二人が好きだったのは英国を代表するロックスター、デヴィッド・ボウイだった。その頃彼は十四枚目のアルバム「Let's Dance」が世界的に大ヒットし、三度目の来日公演も成功裏に終えていた。

「次にボウイが日本に来たときには、絶対一緒にコンサートに行こうね」

理香子さんと先輩はそう約束を交わしたが、若い二人の願いは叶うことはなかった。

高校を卒業し就職した年に、先輩は業務中に運転していた車で事故に遭い、命を落としてしまったのだ。

突然振りかかった悲劇に我を失い、通夜や葬儀に出たはずの数日間の記憶が理香子さんにはほぼ残っていなかった。半身を削がれたような喪失感。思考も停止したまま、ただ日々だけが過ぎていった。

ひと月ほど経った頃だ。ある休日、理香子さんはぼんやりと自室で過ごしていた。毎日欠かさず流していたロックのレコードには、ここ最近一切手を触れていなかった。先輩と自分を繋いでいた音楽を聴くという行為は、彼を失った事実を突きつけられるような気がして怖かった。なのにその日はふと、

あの曲が聴きたい――。

理香子さんは、強くそう思った。

うっすらと埃を積もらせたプレイヤーを開け、一枚のレコードに針を落とす。二人で一緒に何度も聴いた、デヴィッド・ボウイ五枚目のアルバム「ジギー・スターダスト」。

A面の四曲目、「スターマン」が流れ始めたときだ。何かが軋《きし》む音が、曲に被さるように耳に届いた。聞き覚えのあるその音の出所を確かめるべく視線を向ける。ベッド脇に置いていた一脚の丸椅子。籐製の座面が、見えない誰かが座っているかのように沈み込み、音を発している。その椅子は、理香子さんの部屋を訪れた際の先輩の指定席であった。椅子に座って、足でリズムを刻みながら、レコードに耳を傾けていた先輩。今まさにそこに先輩がいるかのように、曲に合わせて椅子が軋む。

先輩の事故から幾日も過ぎていたが、この日初めて理香子さんは心の底から激しく泣いた。それは先輩の死を受け止めた哀しみと、肉体を失っても彼が会いに来てくれた喜びの、二つの感情が交じり合った涙だった。

先輩の指定席は、以降も何度かボウイを流した際、座面を軋ませた。

その現象が消えてしまったのが先か、理香子さんに新しい出会いが訪れたのが先か、記憶は曖昧であるという。思い出の丸椅子も、既に手元から離れている。

それでもデヴィッド・ボウイの音楽は、四十年近く経った現在でも変わらず、自分にとって特別なものであるのだと、理香子さんは甘く切ない初恋の思い出を語ってくれた。

友達ラジオ

窓を開け、風を招き入れた部屋で本を読む。

テーブルにはお気に入りの紅茶と手作りのスコーン。

フリーマーケットで手に入れた赤いラジオから、ＦＭ局の音楽番組が流れている。

これが、岡崎さんのお気に入りの休日だ。ごく普通の過ごし方だが、大きく異なる点がある。

ラジオの隣に、白いワンピースを着た女の子が浮かんでいる。

恐らく十五、六歳だろう。幼いながらも整った顔に長い髪がよく似合う。

もっともそれは、見える人にしか分からない。

女の子は緩く目を閉じ、小さなスピーカーから流れてくる音楽に耳を傾け、時々は一緒に歌う。

最近のお気に入りは、とある女性シンガーソングライターだ。

こんな生活が始まったのは、今から二年前。

当時、岡崎さんは骨董市巡りを趣味にしていた。

ジャンク品のカメラが積んである露店の片隅に、このラジオは放置されていた。所謂《いわゆる》トランジスタラジオという代物だ。

コミック本ぐらいの大きさにスピーカーが内蔵されている。アンテナに電源コードが結わえ付けられていた。

当時の岡崎さんの暮らしには不要の物である。ニュースも音楽も映画も、スマホで事足りる。そもそも、ラジオそのものを滅多に聴かない。

それなのに、何故かそのときは足が止まってしまった。気持ち良く晴れた日、あるいはしっとりと降る雨の日、ラジオを流しながらぼんやりと過ごす。そんな情景がありありと目に浮かんだのだという。

値段も手頃だ。見た目も可愛らしい。買う以外の選択肢がなかった。

ラジオを手にした岡崎さんは、それ以降の予定を全てキャンセルし、急いで帰宅した。

部屋に戻り、まずは電源を入れてみる。プリセットというボタンがあった。恐らく、気に入った局を指定できるのだろう。

1から3まで順に押してみたが、雑音しか流れない。しまった、故障しているのかと焦ったが、すぐに気付いた。

他府県で使われていたのかもしれない。ダイヤルを回し、電波を探してみる。

正解だ。地元のＦＭ局らしき番組がキャッチできた。最新のヒット曲がスピーカーから溢れてくる。

「やった！」

思わずガッツポーズを取った瞬間、拍手の音がした。

曲の一部にしてはタイミングがおかしい。スタジオライブでもないようだ。

聞き間違いかなと気を取り直し、岡崎さんはラジオを拭き始めた。

元々の持ち主が、とても大切にしていたのが分かる。汚れや傷が全く見当たらない。

スピーカーは小さく、一つだけだが十分な音質である。夕方までラジオを聴きながら、読書に勤しもうと決めた。

まずはコーヒーだ。台所で本格的に豆を挽き、丁寧に淹れ始めた。

ＣＭが終わり、好きな曲が始まる。何年か前に流行った曲だ。

鼻歌を歌いながら部屋に戻った岡崎さんは、持っていたマグカップを落としそうになった。

ラジオの隣に女の子が浮かんでいたのだ。そのようなものを初めて見た岡崎さんは、声を掛けてしまった。

「あ、あの……何か用ですか」

女の子は驚いたように岡崎さんを見ると、申し訳なさそうに頭を下げ、吸い込まれるようにラジオの中に消えた。

怖いというよりは、不思議だったという。

さて、どうしようか。多分、このラジオに関係する子だろう。元々の持ち主かもしれない。

世間一般の常識からすると、然るべき所に持ち込んで除霊してもらうべきだろう。面倒なら廃棄してしまうのが一番ではある。

ただ、何故かどうしてもその気になれない。恐怖を覚える外見でもなかったし、悪意も感じとれなかった。

どうかすると、もう一度見たいという気になっている。岡崎さんはテーブルにマグカップを置き、ラジオの前に座った。

一つ深呼吸して、穏やかに話し掛ける。

「ええと、もしかしたら持ち主だった子かな。あたしは気にしないから、出てきてラジオ聴いてね」

第三者が見たら、何と思うだろうな。

岡崎さんは苦笑を浮かべ、読書を始めた。十頁ほど読み進め、ふと顔を上げた。

先ほどの女の子がいた。嬉しそうな顔でラジオを見ている。好きな音楽なのか、小さく首を振り、リズムを取っている。

楽しいならそれで良い。岡崎さんも読書に戻った。

夕焼けが部屋に入り込んでくる頃、女の子は岡崎さんに笑顔を向けたまま、ふんわりと消えた。

その日から二年経つ。

一度、部屋を引っ越したがラジオはそのままだ。女の子は今も音楽を聴きに現れ、満足すると消える。

今、岡崎さんにはちょっとした計画がある。ここ数カ月、女の子が特に気に入っている女性シンガーがいる。

そのライブを見せてあげたいのだという。ラジオならライブ会場にでも持ち込めるだろう。

チケットは確保した。あとはその日が来るのを待つだけだ。

デュエット

二年前の夏、徳田さんに起こった出来事を書く。

当時、徳田さんは求職活動に勤しんでいた。それまで勤めていた会社が業績不振で倒産したからである。

希望している職種と縁がなく、取りあえず派遣会社に登録し、バイトで糊口をしのいでいた。

よく行くバイト先に、似たような境遇の男性がいた。名を佐々木という。

佐々木と徳田さんは妙に馬が合った。何度か飲み会を重ね、いつの間にか休日を合わせて遊びに行くまでの仲になった。

そうは言っても、お互いに貧乏な点も同じである。金が掛かる遊びなどできない。

部屋飲みか、近場へのドライブぐらいだが、それでも十分楽しかった。

ある夜、例によってドライブを楽しんでいる最中、佐々木が急に車を止めた。

路肩に車を寄せ、窓を開けて顔を出した。何かを探しているかのように、辺りを見回している。

何処とも知れない田舎道だ。見渡す限り田圃で、興味を惹くような物は見当たらない。

「どうした。何かあんのか」

佐々木は暫く黙っていたが、そっと顔を上げて妙なことを言った。

「歌が追いかけてくる」

三つ手前の交差点を越えた辺りから、歌声が聞こえるのだという。

「若い女。かなり大声なのに怒鳴ってる感じじゃない。何と言うか、オペラっぽい歌い方。変なメロディで、訳の分からないことを歌ってる」

なんだそれはと笑いながら、徳田さんも耳を澄ましてみた。

遠くを走る電車の音。種類は知らないが鳥の鳴き声。それ以外、何も聞こえない。

納得のいかない表情で窓を閉め、佐々木は車を走らせ始めた。

ほんの数分後、佐々木は速度を緩め、再び窓を開けた。

「ほら聞こえた。今聞こえてるだろ。なぁ、聞こえてるよな」

必死で訴えてくるのだが、やはり徳田さんには何も聞こえない。

「何でだよ、歌ってるだろうが。ええと、〈とるいおづきだりこなれしおー〉って歌ってる」

「何語だよ、それは」

「知らねぇよ、そう言ってんだよ」

佐々木は聞こえてくる歌を真似しながら車を走らせた。聞いていると、どんどん不安になってくる歌だ。

交通量の多い道に出て、ようやく歌は止んだらしい。

途端に佐々木は無口になった。その後、一言も会話を交わさないまま、二人はドライブを終えた。

翌日から佐々木は無断欠勤が続き、派遣会社からも見限られ、連絡が取れなくなった。

派遣会社の担当者が教えてくれたのだが、最後の電話で佐々木は歌を歌ったらしい。

「それって、もしかしたらこんな歌じゃなかったですか」

徳田さんは、あの夜に聞いた歌を歌ってみた。

「ああそれそれ、その歌。佐々木君の後ろで女の人も歌ってたよ」

不明なアーティスト

マッサージや整体を生業とする、千歳さんの体験談である。

詳細は伏せるが、東北地方某所にあるそのホテルでは地下に大浴場があり、そのロビー脇にマッサージ師の控え室が作られていた。

何ということはない、四畳半ほどの部屋である。店から派遣されたマッサージ師が交代で待機し、大浴場の利用者からお声が掛かれば部屋から出て、施術をするのである。

ところが、どうにもその控え室が気持ち悪い。見た目は綺麗なのだが、入りたくない。

そこへ、施術を終えた千歳さんが戻ってくる。

店へ業務報告を入れるべくスマホを取り出すと、通知ランプが光っている。

音楽アプリが「新しいアルバムが収録されました」と文字で知らせている。

何か楽曲がダウンロードされたようだが、どうにもおかしい。操作した記憶がないし、自分は今まで施術していたのだ。勝手にダウンロードされることなどあるだろうか。

「あのぉ、すみません」

不意に大声を出されて飛び上がるほど驚いた。お客さんである。スマホは後で見よう。

帰宅後。一杯やりながら、スマホを取り出して、先ほどの音楽アプリを開く。

ＣＤのジャケット写真が表示されるべき項目が、殺風景なグレー一色である。

「詳細表示」のボタンを押すと、「不明なアルバム」「不明なアーティスト」とのこと。

バグかとも思ったが、収録時間を見ると四分何某《なにがし》と書かれている。曲は入っている。

首を傾げながらも、再生ボタンを押す。

さ――――。壁紙を手でなぞるような音がスピーカーから溢れた。

無音ではない。微かに、聞き覚えのあるメロディが流れているようにも思える。

何だこれはと、音量を上げたそのとき。

〈う、ううううう、うううううう――――っ〉

部屋中に、重苦しい呻き声が響いた。腹の底から絞り出すような、恨みがましくも感じられる、女の声であった。

千歳さんは慌てて消去ボタンを押して、スマホを床に放り投げた。

――何が気持ち悪いって、呻き声自体もなんですけど。聞き覚えのあるメロディって、さっき言ったでしょう。あれ、大浴場のロビーでいつも流してるＢＧＭだったんです。

ということはあの声、例の控室で録音されてたってことですよね。

わすれもの

会社員の守口さんの趣味は音楽鑑賞である。と言えば普通だが、彼の場合は少々行き過ぎの感がある。

聴く曲はハードロックやヘビーメタルが殆どで、起床時や電車での通勤時はもちろん、昼休みや就寝前もずっと聴いている。

しかも、音楽以外にさしたる趣味を持たない為、部屋に備え付けのオーディオ機器はもちろん、携帯プレイヤーとイヤフォン、ヘッドフォンには相当金を掛けていた。

六畳一間の木造安アパートでの一人暮らし、時にはイヤフォン類を外して大音量で音楽を聴きたい欲求に囚われることもある。

しかし、壁の薄い住まいでそんなことをしてしまえば、余計なトラブルを招いてしまい、面倒なことになるのは火を見るより明らかなこと。

「もちろん、ヘッドフォンで聴くことに文句はないんですが。それでもやっぱり、生の音を大音量で聴きたくなるんですよね。そんな訳で、月に一回はライブで発散していますね」

話は数年前へと遡る。

会社の昼休み中にネットニュースをチェックしていたとき、欧州出身のとあるヘビメタバンドが近々来日するとの記事を見つけた。

そのときから、守口さんの携帯プレイヤーは、そのバンドの曲で埋め尽くされた。

「ええ、嬉しいなんて言葉じゃ言い表せなかったですね。やっと生で観られるんだって思ったら興奮しちゃって」

そのバンドの曲を始めて聴いたのは中学生の頃。

聴いた瞬間、そのパワフルなサウンドに心が蕩《とろ》けて、全身があっという間に総毛立ったほどであった。


そして、指折り数えて待っていたライブ当日。

大分前に入手したバンドのTシャツを身に纏い、ライブ会場へと進んでいったが、自分の席に到着するなり、その場で呆然としてしまった。

ドームや武道館程のキャパはない小規模な会場にも拘らず、席がまばらだったのだ。

最前列はそれなりに埋まっていたが、中層には殆ど人はいない。

開始直後に予約して購入した席にも拘らず、彼の席はかなり後ろのほうで、しかも当然のように殆ど人がいなかった。

「ひっでえ席を掴ませやがって」

その場で毒づくほど、怒り心頭に発した。

前列に移動することも考えたが、流石《さすが》にそれはまずいであろうと自制した。

折角昂《たかぶ》っていたものが急降下していき、思わずへなへなとシートに腰を下ろした、そのとき。

「……よろしくお願いします」

蚊の鳴くほど小さかったが、とてつもなく可愛らしいアニメ声優のような声で、唐突に話し掛けられた。

声の聞こえた方向へと力なく振り向くなり、思わず目を瞠《みは》った。

長い黒髪に大きな目。透き通るような白い肌に、まるでしっとりと濡れているかのような口唇。

自分の考えた理想の女性がこの場に降臨したかのようであった。

全身、黒ずくめではあるが、頭には大きなリボンが飾ってあり、所々にフリルの付いた、所謂ゴシックロリータの服を身に纏っている。

そして、軽く会釈しながら、少しはにかんで微笑む。

「こう言っちゃあアレですけど。もう、ライブなんてどうでも良くなっちゃいましたね」

これぞまさしく、一目惚れ。一瞬で心を奪われてしまった。

「ここまで好みの女性がいたのか、ってくらいに舞い上がっちゃって」

何を話したのかは覚えていないが、間が空かないように、とにかく一生懸命話し掛けたことだけは記憶している。

しかしながら、彼女の反応はすこぶる鈍い。当然と言えば当然なのかもしれない。だが、彼女の気を惹く為には、とにかく話を続ける他あるまいと考えていた。

自分でも欠伸《あくび》をしそうなほど薄っぺらい話題をぺらぺらと話しているが、彼女といえば能面のように無表情なまま前方を見つめている。

当然、何の手応えもないまま、時間だけが過ぎていく。

そして、もう間もなくライブが開始される旨のアナウンスが場内に流れた。


観客がまばらなせいか、ライブの出来自体は散々であった。

とにかく機材のトラブルが多発して、演奏は終始途切れ途切れ。

ボーカルも不機嫌な表情を隠しもせず、更には売りであるハイトーンボイスを殆ど披露することなく、かなり投げやりに歌っていた。

このような有様であったせいなのかは分からないが、守口さんの視線はバンドの演奏よりも、隣の席で一途にステージを見続ける彼女の横顔に釘付けであった。

しかし、幾ら熱心に話し掛けても、一切こちらを向くことはなく、連絡先はもちろん名前すら聞くことはできなかった。

しかもライブ終了間際に、いつの間にか彼女は忽然《こつぜん》とその場からいなくなってしまったのだ。

「……やっちまったか」

余りにしつこ過ぎて、うんざりしてこの場からこっそりと立ち去ったに違いない。

そう考えただけで、無性に切なくなってきた。

思いっ切り溜め息を吐きながら、先ほどまで彼女がいた場所に視線を遣る。

すると、赤茶けたシートの部分に、忘れ物らしきものが転がっていた。

それは、ケーブルがぐちゃぐちゃに絡み合った、くすんだピンク色のイヤフォンであった。

思わず手に取ってみるが、何処にもメーカー名は記載されておらず、恐らく何かに付属していた安物なのであろう。

何とかこれを手掛かりに彼女ともう一度会えないだろうか。

そう考えてはみたものの、恐らく無理であろうと結論付けるまで、そう長くは掛からなかった。


時刻はもうすぐ日付が変わろうとしていた。

しょっぱいライブで不完全燃焼のまま、足取り重く安アパートへと帰宅した。

理想の彼女にもあっけなく逃げられて、気持ちはどん底まで落ち込んでいる。

衣類を脱ぎ捨てて、畳の上へとどすんと寝っ転がる。

(ああ、もう一回会えないかなァ)

彼女の忘れ物であるイヤフォンを愛おしんで両耳に入れると、自室にあるプレイヤーで曲を掛け始めた。

「……うわっ、ひでェ音！」

試しに使ってみると、確かに酷い音質であった。

雑音は引っ切り無しに入ってくる。高音はやけにシャカシャカ喧《やかま》しく頻繁に音割れし、低音は異様にくぐもっている。

そして何よりも、耳の中に入れると外耳孔がすぐに痛くなってしまう。

イヤーパッドの材質なのか形状なのか分からないが、とにかく酷い代物である。

「これは、どうしようもないな……」

こんな音で満足しているなんて、ある意味凄いなと彼女に感心していた。

(ああ、会えないかなァ)

そんなことを頭に浮かべながら次々に曲を聴いていると、とんでもないことに気が付いてしまった。

「……ウソ、だろ。何だ、コレ」

ある楽曲を聴き始めた途端、音質が激変した。びっくりするほど音が良いではないか。

いや、寧ろ、ここまで音質の良い素晴らしいイヤフォンは体験したことがなかった。

震える手を押さえながら、次の曲へと飛ばしてみるが、相変わらず素敵過ぎる音が耳に心地良い。

そしてまた次曲へ飛ばした瞬間、げんなりするようなシャカシャカ音に戻ってしまった。

「……んっ！　一体、どういうこと？」

意味が分からず、片っ端から曲を流し始める。

その結果、ようやく理解することができた。

即《すなわ》ち、今日ライブに行ったバンドの曲を聴くときだけ、このイヤフォンは物凄い音質へと変化していたのだ。

仕組みはもちろん不明ではある。聴く曲を選ぶのが難点ではあったが、これはこれで物凄い。

「……ウソ、でしょ。すげェよ、コレ！」

某バンドのベストアルバムを半ばうっとりとしながら聴いていると、とある曲に異様な音が混じっていることに気が付いた。

中盤の一分半もあるギターソロの合間に、女性のものと思われる音声が微かに聞こえてくるのだ。

不審に思って何回か聴いてみると、どうやら呻き声らしい。

何処かで聞いたことがある声色であることは間違いないが、一向に思い出せない。

「……何だ、コレ。女の声、なのか。ん、あっ！」

この可愛らしい特徴的な声色。そうだ。ライブ会場で出会った彼女のものに違いない。

だが、その声は怨嗟《えんさ》に満ちた、おどろおどろしい呻き声であった。

何度聴いても、恨み辛《つら》みの混ざり合った怨声にしか聞こえない。

そのとき、窓の辺りから誰かが覗いているような感覚に囚われた。

だが、この部屋はアパートの二階にある。一体誰が、どうやって覗こうとするのか。

そう考えた途端、今までの妙にびくびくとした精神状態が、急激に落ち着きを取り戻した。

そして、冷静に考えてみると、どうしてこのような怨声がこの曲に紛れ込んでいるのか不思議に思えてきた。

今まで数え切れないほど聴いた、この曲に。

そう思ったら性格上どうしても我慢ができなくなって、深夜にも拘らず、早速多方面から検証することにした。

「……うん、間違いない」

CD、ネット配信、web動画。どの音源を聴いても全く一緒である。ギターソロの同一箇所で、同じ呻き声が寸分の狂いもなく聞こえてくる。

このピンクのイヤフォンを使っているときに限定してではあるが。

もちろん、これを通さなければ、どの音源にも不気味な怨声は一切入り込んでいない。

しかも、同じバンドの他の曲にこの声は一切入っていない。

一体、どういうことであろう。

その異常さに気が付いた瞬間、背筋に冷水を流し込まれたかのような感覚に襲われた。

「……ええ、怖かったですよ、もちろん。でも」

顔を顰《しか》め、まるで苦渋の決断でもするかのように、声を絞り出すようにしながら彼は言った。

「あの音質は滅茶苦茶凄いんで。一回聴いたら、もうダメですね」

どうやら、薄気味悪い現象と音質を天秤に掛けて、結論を出したようであった。

更に、彼はこうも言った。

音質の観点からもこのイヤフォンを使い続けるつもりであったし、もしこれを捨ててしまえば、彼女との縁も切れてしまいそうな気がして仕方がない。

と言った訳で、不可解な点には目を瞑《つぶ》りながらも、彼女の忘れ物をこれからも使い続けることにした。

ところが、物事というものはそう上手くいかないようだ。

この頃から、彼女らしき人物を頻繁に見かけるようになる。

初めてその姿を街中で見かけたときは嬉しさの余り走って後を追ったが、まるで突然消失したかのようにいなくなってしまい、そのまま諦めざるを得なかった。

そのようなことが短期間に複数回起きることとなる。

例えば、客先に向かう途中の混雑した交差点。

後ろ姿だけではあるが、間違いない。会場で出会った、あの姿のまま。

しかし、その存在に気が付いたときには、雑踏にでも紛れてしまうのか、彼女は急にいなくなる。

例えば、混雑した通勤電車の中。

吊革に掴まっていると、後頭部に妙な掻痒《そうよう》感を覚える。

すぐに手で確かめるが、異常はない。

不審に思って振り向くと、視線の端っこで彼女らしき後ろ姿を捉えてしまう。

真っ黒でやけに目立つゴスロリの衣装で、大きな漆黒のリボンがとても映えている。

だが、あっ、と気が付いたときには、疾《と》うに姿は消え失せている。

一生懸命後を追ってみても、毎回彼女の痕跡すら発見することができなかった。

ひょっとして幻覚の類いなのかもしれない。

そうは思ってみたものの、相も変わらず所々で彼女らしき後ろ姿を見かける。

ここ最近は彼女の姿を見かける度に鼓動が激しくなっていき、いつしか動悸すら感じるようになってしまった。

更に、このところは原因不明の咳が止まらなくなり、胸部に鋭い痛みが走ることも多々ある。

恐る恐る鏡で胸の辺りを見ると、自分では覚えのない切り傷が無数にできていたときは酷く驚いた。

いずれも赤黒くこんもりと腫れあがり、素人目に判断しても明らかに化膿している。

今まで健康に不安を持ったことは一度もなかったが、ここ最近は余りにも酷過ぎる。

もしかしたら何らかの恐ろしい病に冒されているのではないのか、と弱気になってしまい、戦々恐々とした毎日を過ごしていた。

あのライブから数カ月経った冬のある日。とてつもなく寒い夜であった。

彼は普段通りに、仕事から帰宅すると、すぐさま銭湯へと向かっていた。

寒くなってからは身体の具合も悪化の一途を辿り、病院で診てもらっても一向に良くならない。

胸部に発生した外傷のようなものは日々増えていくようで、肉体的にも精神的にも限界が近付いていていた。

そんな訳で、気休めかもしれないが、できるだけ大きな湯船でゆっくりと身体を温めることにしていたのだ。

本当は温泉にでも行って養生したいが、そのような余裕は何処にもない。

見慣れた道をとぼとぼと、目的地へ向かって歩いている途中、突如重大な忘れ物をしたことに気が付いた。

信じられない。何で、あんな大事なものを忘れてきたのであろうか。

「……何故か、途中まで気が付かなかったんですよ。ええ、有り得ないんですけど、実際そうだったんで」

何処に行くにも欠かすことなく聴いていた音楽プレイヤーとイヤフォンを、自室に忘れてきたことに突然気が付いたのだ。

(そうか。家を出る前に咳が止まらなくなって。しゃがみ込んでしまった、あのとき。そのまま廊下に忘れてきたのか)

忘れてきたことが今でも信じられないが、目的地が目の前にあるのに、今からわざわざ戻る奴はいないであろう。

守口さんは冷え切った身体を温めるべく、銭湯を目指して歩み始めた。

身体の芯まで温まった銭湯からの帰り道。

この辺りでは珍しく、サイレンの音がやけに煩い。

辺りの喧騒を不審げに思いながら歩いていると、自室のあるアパートの前に数台の消防車が駐まっていた。

意味が分からず、その場で呆然としていると、隣の部屋に住んでいる学生が小走りにやってきて、唾を飛ばしながら興奮した口調で話し掛けてきた。

「も、守口さんの部屋から煙が出てて！　自分が通報したんですよ！」

最初は言っている意味が分からなかったが、視線を遣った自室の窓付近からもくもくと黒煙が立ち込めていることに気が付いた。

彼はその場で、へなへなと腰から崩れ落ちた。


このボヤ騒ぎは彼の部屋のある物を激しく燃やしたが、それ以外の被害は一切なかった。

後で聞いた話によると、火元は玄関から居間へ繋がる廊下部分。

どういった訳か、燃えたのは、彼のバッグとその中身のみで、それ以外の部分は軽い煤すらも残らずに、全くと言っていいほど影響がなかった。

「……ええ、そうです。携帯プレイヤーと例のイヤフォンが跡形もなく燃えちゃったんです」

そこそこの大きさの携帯用プレイヤーとイヤフォンを完全に燃え尽くすほどの炎が、何処から発生したのであろうか。

もちろん、第一に考えられるのはプレイヤーに入っているリチウムイオン電池である。しかし、そこから発火したとしても、金属部分も多数あるプレイヤーとイヤフォンを消し炭同然に燃焼させ、なおかつ置かれた周囲には煤一つ付けないような状態にすることが果たして可能なのであろうか。

それはとにかく、あれ以来彼女の姿を見かけたことは一度もない。

そのせいなのかどうかは不明だが、まるで憑き物でも落ちたかのように、身体の具合がみるみるうちに良くなっていった。

胸の辺りに発生していた外傷のようなものも、今では綺麗さっぱりなくなってしまった。

「もちろん、ロックのない人生なんて考えられないし、ライブもしょっちゅう行ってますが……」

今でも彼女の姿が心に焼き付いて離れないと言う。

そして、日常の何げないときに時折、心を蕩けさせるようなあの美声が何処からともなく聞こえることがある。

その度に胸の奥底がきゅっと切なく痛み、何とも言えない気持ちで心が埋め尽くされてしまうのであった。

絶対に触れない

　レコーディング・エンジニアの四宮さんが下積みのアルバイトだった頃の話。

　スタジオでのレコーディングではいつも緊張にさらされる。ケーブルの接続が甘いといった僅かなミスでもノイズは起こるからだ。どんなに良い演奏でも、ノイズが入ってしまえば使えない。

　そんな環境下、上司に当たるベテランエンジニアの佐藤氏の語気はどうしても強くなる。口は悪いが腕はいい佐藤氏の言動は、恐らく現在ならばパワハラに相当するであろう横柄なものだった。


　レコーディングが佳境に入る中、その佐藤氏の様子が急におかしくなった。

　さっきまで八面六臂《はちめんろっぴ》だった彼が、あるときからぼうっと視線の定まらない様子で口を半開きにしている。必要な指示も出さず、何かを訊ねても「ふうーん」などと生返事が返ってくるばかりだ。それでいて時折、思い出したかのようにスタジオ内を歩き回ると、何をするでもなく「ふうん」などと呟きなのか溜め息なのか判別できない声を漏らしている。

　その場にいた中堅エンジニアが急遽イニシアチブを取って録音は進められたが、親方気質で平素ならば全てを仕切りたがる佐藤氏が、急に借りてきた猫のように大人しくなってしまった様を誰もが不審に思った。

この日から程なくして、佐藤氏は退職してしまったという。

何故急に退職することになったのか、その後の佐藤氏の様子がどうだったのかなどは分からない。


ただ、アシスタントとして佐藤氏に付いていた四宮さんには思い当たる節がある。

あの日、事前の機材準備の際、どんなに機器を正しく接続しても不可解なノイズが入っていたのだ。佐藤氏は不機嫌ながらも適切に対策を採る。ケーブルの接続を確認し、電源を確認し……それでもノイズはなくならない。佐藤氏のイライラはみるみる高潮していく。四宮さんはいつ自分が怒鳴られるかとびくびくしていたという。

ふと思い立った佐藤氏は部屋の角にある機材ラックに向かうと、それをグッと前に引き出した。ラックごと引き出すことで、そこに収まっている機器類の背面を見られるようにして接続を確認しようというのだろう。

ラックが引き出されると、スタジオの埃だらけの壁面が露わになる。その拍子に佐藤氏は、ラックに隠れていた壁面に一枚のお札が貼られているのを発見した。

後ろで目撃していた四宮さんの記憶によると、関西ではしばしば見かける某有名寺院の特徴的なお札に似ていたそうだが、随分と黄ばんでいていかにも古さを感じさせるものだった。

「何やこれは！」

それを見た途端、佐藤氏の怒りは頂点に達したらしく、一喝して躊躇《ちゅうちょ》なくお札を剥がして放り投げた。そのまま手早く機器を再接続していく。結果、ノイズが綺麗になくなったのは流石だった。


あまり一般に知られてはいないだろうが、実はスタジオにお札の類いが貼ってあるのはさほど珍しいことではない。何やら曰くがありそうなものから、単なる近所の寺社とのお付き合いまで事情は様々だろうが、時間との勝負になることが少なくないレコーディングの現場で、それを特に気に掛けることはあまりない。

ただ、少なくとも四宮さんは、このときの佐藤氏の異変の原因を、あのお札を剥がしたことだと考えている。普通は見えないところに貼られた意味ありげなお札を、あんなにぞんざいに剥がしてしまって良いはずはないと言うのだ。

「そんなことがあったもんだから、俺は絶対触らないようにしてるんだよ」

と四宮さん。彼は今でも、スタジオにあるお札の類いには絶対に触れないようにしている。

ある曲の裏側

今から三十年程前の話。

高校を卒業した神山さんは、仲間と一緒にプロのミュージシャンを目指していた。

「学祭のバンドがきっかけだったんですが、他の奴らとは違って全部オリジナルソングで勝負して、それが結構受けたんですよ」

自分達には才能があるという揺るぎない思いがメンバーを支え、日々、それぞれのバイトが終わるとギター担当の神山さんの家に集合し、腕を磨き続けた。

そんな生活を一年程続けたある日、彼らはとあるコンテストに応募する。

優勝者はメジャーデビューを確約されているという話があり、彼らの意気込みは相当な物であった。

「結果は選外です。演奏的には負けてないとは思ったんですが、メロディのポップ感が一位の奴らにはありましたね」

作曲担当は神山さんだった為、メンバーに対して申し訳ない気持ちで一杯になる。

残念な結果を受け、会場を後にしようとしていた彼らに一人の男が声を掛けてきた。

「本気でプロになりたいなら、うちでデビューを目指さないか？」

想像していなかった言葉にメンバーは湧き立つが、男が続けた言葉で空気は一変する。

スカウトはボーカルの田口さんだけが対象であり、他のメンバーは要らないという。

「ふざけんなよ、って言葉が出ちゃいましたよね。そんな条件、飲む訳ないだろって食ってかかったら、田口の顔が視界に入っちゃって」

彼らの誰もが夢見ていた世界が目の前にある。

そのとき、言葉を発することはなかった田口さんだが、渇望する顔つきはメンバーに彼の真意を伝えるには十分過ぎるものであった。

「それで解散です。当時は裏切りだと思っていたし、仲間の成功は素直に嬉しいし、ぐちゃぐちゃの感情が整理できずに、バンド活動はきっぱり辞めました」

神山さんは知人の伝手で小さな自動車修理工場で働き始めた。

音楽とは一切無縁の環境。覚えなきゃいけないことが山積みの生活は日々を忙しくしてくれた。

「えっ、この曲……」

それから三年が過ぎた頃、工場内で流れていたラジオから聞き覚えのある音楽が流れた。

所々のメロディに変化はあるものの、神山さんのバンドが演奏していたものとしか思えない。

「田口の奴、デビューしたのか？」

ボーカルに耳を傾けると、田口さんとは似ても似つかない人が歌っていた。

「何だよこれ。どういうことだよ……」

神山さんが動揺しているうちに流れていた曲は終了する。

曲名、歌手名などは一切分からないまま悶々と仕事を続けた。

帰宅後、神山さんはドラム担当の阿部さんに連絡を取った。

「なあ、田口ってデビューしたのか？　うちらの曲にそっくりなやつがラジオから流れたんだけど」

「どうだろな、全然連絡取ってないし……。つーか、偶々似てる曲だったんじゃね？」

「いや、あのギターのラインは俺独特のものだし、お前も聞いたら分かるって！」

「ふーん、で、田口が歌ってたってことか？」

「いや……、別人が歌ってた」

「は？　何言ってんだよ？」

阿部さんはまだその曲を耳にしていないらしく、神山さんの話は上手く伝わらない。

「とにかくだ、またラジオで流れるかもしれないから、お前も注意してくれ。田口の話も聞いたら、必ず俺に教えてくれ」

神山さんが電話を切ると、自分に向けられた視線を感じた。

振り返ると、目の前に田口さんが立っていた。

「え？　お前、何で？」

泣き出しそうな顔の田口さんは言葉を振り絞る。

『ごめん……。俺……馬鹿だった……』

それだけ言い終わると、田口さんの姿は消えていく。

「え、おい！　何だよ、何が……」

話が終わる前に田口さんは完全にいなくなり、静まり返った室内がキンと耳を痛くさせた。


「現在も田口は失踪したままです」

神山さんらバンドメンバーと離れた田口さんは、音楽会社と契約したのは事実らしい。

ただデビューすることはなく、スタジオミュージシャンとして働いていたようだ。

ある日突然消息不明となり、その後、神山さんがラジオから流れるあの曲を聴いた。

「あ、業界の力で消されたとかそういう話じゃないですよ。分かるんです。あいつ、利用されただけなんです。で、壊れてしまって消えたんです」

例の曲はそこそこ世間に認知された曲となった。
それ故、何度も神山さんは耳にすることとなる。
「ラジオで流れたらすぐに消してましたね。聞いていられないので……」
自分達の曲が使用されていることが気に入らない訳ではない。
その曲に被せるように、田口さんの声が聞こえてくることが耐えられないという。
『――ごめんね……ごめんね……ごめんね……』

MY LOVE

かつてクラブDJをしていたアキラ君。

彼が出演していたクラブでは、基本的にお客さんからのリクエストは受け付けていなかったが、もちろん例外はあった。VIPの客やチップを弾んでくれた客のリクエストには、やはり応えざるを得ない。しかしそういった上客からのリクエストであっても、その曲がフロアの状況や選曲した構成に合わない場合は、断ることも多々あるという。

アキラ君には一時期、Eさんという女性ファンが付いていた。

レギュラーでDJをしていたクラブで、彼女は来店の度にアキラ君にプレゼントを渡してきた。最初はお菓子やタバコといったちょっとした品だったのが、ライターや時計、アクセサリーと徐々にその値段は上がっていった。

彼女はいつも、同じ曲をアキラ君にリクエストしていた。女性の名前がタイトルに入ったラブバラード。その名前の発音は、Eさんの名前とほぼ同じものであった。

だが、古い邦楽のヒットソングであるその曲は、アキラ君の選曲リストには合わない。何よりその曲を流してしまえば、Eさんが露骨に自分に向けてくる恋愛感情を受け入れてもらえたなどと解釈されかねず、本命の彼女がいるアキラ君にとって不本意である。

なので何かと理由を付けて、リクエストは断っていたのだが——。

暫く姿を見せていなかったEさんが、その夜久しぶりにいつものクラブに現れた。DJブースの機材の端にいつの間にか置かれていた紙片は、Eさんがアキラ君にリクエストする際、決まって使用していた、猫のキャラクターのメモ用紙だった。そしてメモに書かれていたのは、見慣れた丸文字にいつものあのラブバラードのタイトル。

Eさんが来ているのだと、アキラ君は確信した。

だが、以前のEさんならブースの目の前を陣取り、アキラ君に熱い視線を送っていたのに、最前列に彼女はいなかった。曲の合間、暗いフロアに目を凝らすと、奥の壁際にEさんが独り佇んでいるのを見つけた。

何故あんな遠くにいるのだろうと不思議だったが、出番を終えてフロアに出てみると、Eさんは既に店を出たのか何処にも見当たらなかった。

フロアでDJ仲間と一杯やっていた際「今日、久々にEさんを見たよ」とアキラ君が告げると、彼らは目配せを交わし言いにくそうに口を開いた。

「あの子がまたここに来るなんて、有り得ないでしょ」

彼ら曰く、Eさんは数カ月前クラブに現れなくなった直後に、自ら命を絶ったという。

遺書らしきものには、散々貢いだ恋人との別れが理由であると書かれていたらしい。男の名は明記されていなかったが、手酷く振ったその相手はアキラ君であるという噂が、一部の仲間内で流れているのだと。

とんだ言いがかりだとアキラ君は否定した。

Eさんとは付き合うどころか、きちんと告白もされていない。高価過ぎるプレゼントは丁寧に断って受け取らなかったのだから、貢がせただなんて有り得ない。誰か他の男と間違えているのではないかと訴えたが、仲間だと思っていたＤＪやクラブスタッフの連中は、アキラ君をまるで信用していない様子であった。

死んだなんてでまかせだ。

今夜彼女がここに来ていた証拠があると、アキラ君がEさんのものと思われる、ポケットに入れておいたリクエストが書かれた紙片を取り出すと、それはただの紙ナプキンに変わっていた。いつもの丸文字で書かれたバラードのタイトルも消えていて、ミミズが這い回ったようなペン書きが数本走っているだけだった。

その後、噂はアキラ君を悪者に仕立てたまま広がっていき、客とトラブルを起こしたとしてイベントに呼ばれる機会が激減し、アキラ君はＤＪを廃業した。

「あの夜、壁際にいたEさんの顔は今でも忘れません」

呆けたようにアキラ君を見つめていたというEさんには、恋慕も怨恨も何の感情も見いだせなかった。逆にそのせいで、アキラ君の記憶にはEさんの存在がいつまでも深く刻み込まれている。

二十年近く経った現在でも、往年のヒットソングとしてそのラブバラードが流れるのを耳にする度に、アキラ君は釈然としない思いを抱いてしまうという。

ライブハウス

今から三十年程前の話。

前田さんは当時付き合っていた彼女から、とあるライブのチケットを渡された。

「今度の日曜だからね。絶対に遅れないでね」

出演のバンド名を確認すると、正直気乗りがしない。

インディーズながら地元ではそこそこ名の知れているバンド。

楽曲の内容での評判もそうだが、ボーカルの女癖の悪さでも有名であった。

「あー、こいつらかぁ……。どうしても行かないとダメ？」

「何言ってるのよ。このチケット取るのだって大変だったんだから。……いいよ、行かないのなら、由美子を誘うから」

「分かった、分かったたって。行くよ、行くから！」

機嫌を損ねた彼女をそのままライブへ行かせる訳にもいかない。

万が一、ボーカルの瞬に目を付けられたら、取り返しの付かないことになる可能性もある。

釈然としないまま、日曜日に前田さんはライブハウスの前に立っていた。

つきを覚えた。


「お待たせ。じゃあ、行こうか」

普段のデートのときとは違い、お洒落をしている彼女の姿を見ると前田さんは多少の苛

場内に入ると、周囲の九割以上は女性ファンで埋め尽くされていた。

時間になり、ステージは暗転する。

悲鳴に似た歓声を皮切りに、ライブは始まった。

(別にこいつらの音楽は嫌いじゃないんだよな)

小気味の良いロックナンバーは前田さんの好みではある。

その一方、整った顔立ちの瞬の一つ一つの仕草が鼻に付く。

(こうやって会場内を物色して、今日も持ち帰りするんだろ。本当、むかつくわぁ……)

実際には隣で歓声を上げる彼女の目の色が気に食わなかった。

既に前田さんの存在など忘れ、瞬に熱い視線を送っている。

(マジで呪われろって話だよな)

そんなことを考えていると、ステージの奥が気になった。

暗がりの中で、ぼんやりと白いものが浮かび上がる。

前田さんが目を凝らすと、一人の若い女性が立っている。

その女性が着ているパジャマのようなものが、白く映えていたようだ。

最高潮のステージとは結びつかないその女性の立ち振る舞いが酷く気に掛かる。

（演出？　あ、この後バラードになって彼女が登場とか？）

そんなことを考えているうちに、女性はスタスタと瞬のほうへ歩み寄っていく。

明らかにステージから浮いている女性は観客席のほうなど気にすることもなく、瞬との距離を詰めていく。

その手には刃物が握られていた。

「あ、馬鹿。ダメだ、危ない！」

女性は瞬の側面に身体ごとぶつかっていった。

動揺する前田さんを尻目に、会場内のファンは歓声を上げ、瞬の歌声も途切れずに続いている。

（え？　何で？　どういうこと？）

視線を外した訳でもないのに、いつの間にか女性の姿は消えていた。

盛り上がる会場から、前田さんは白昼夢を見ていたように思う。

（俺が死んだらいいと思ってたから、あんな夢を見たってことか……？）

瞬のことを好ましくは思ってはいなかったが、別段、自分に対して害があった訳ではない。

それ故、そこまでの憎悪の感情が心の奥底に眠っていたことが信じられなかった。

その後のライブは気もそぞろに眺め続けた。

「あー、最高！　楽しかったね！」

彼女の言葉でライブの終了に気付く。

「あ……。うん、そうだね……」

「何よもう、こんなにみんな盛り上がっているのに」

興奮の収まらないファンは、喧騒とともに出口へと向かう。

冷めた反応の前田さんに彼女は怒り、その場で別れることとなった。


「俺も人から聞いた話なんですが、そのライブの後の話です」

バンドメンバーは、いつものように打ち上げを行っていた。

これもまたいつものように、瞬は三人のファンを飲み会に参加させていた。

その中でも一番気に入った女性を自宅へお持ち帰りしたという。

「刺されたんです。そのファンの妹も食ってたみたいで、捨てられた後病んじゃったらしいんですよね。要は仕返しですよ」

瞬の命に別状はなかったが、これで懲りたのか、とっかえひっかえファンに手を出すことはなくなった。

「そのライブから一年以上経った頃ですかねぇ」

前田さんは、街中で瞬の姿を見かけた。

彼の両肩から女性の頭部が二つ生えていた。

それぞれの視線は瞬の顔を見つめている。

一つの頭部はあのライブのときに、瞬を刺した女性。

もう一つは……。

「多分、そういうことなんだと思います。顔が似てたので……」

そう前田さんは話を締めくくった。

呪われたバカ

健人さんはその昔、ヴィジュアル系バンドのメンバーだった。
担当はベース。特に音楽にこだわりがあった訳ではなく、「モテたかった」というのが活動の理由である。極々ローカルな活動だったがバンドの人気はかなりあったそうで、目的通りにしっかりとモテモテ。ライブを行う度にファンからの贈り物も大量にあり、時代がよかったのかバンドだけで生活できるほどの収入があったのだそうだ。

話はここから始まる。
当時健人さんが住んでいたアパートで、ある時期からそれが〈出る〉ようになった。

夜、若い女が枕元に立つ。
夢のような現実のような。
いや、でも現実だ。
だって、部屋の景色が現実のそれじゃないか。
身体は動かない。

暗がりの中、恨めしそうに女が自分を見下ろしている。

このような、いかにも〈出ました〉というような局面が、毎夜のように訪れた。

女の顔には見覚えがあったが、はっきり誰とは思い出せない。

いやあ、参った。やはり女遊びが過ぎるのか。これはきっと恨まれている。全く以て気分の良いものじゃない。これは参った。

などと思いながら、日々健人さんは遊んでいた。

酒が好きで、大概何をするにも酔っ払う。

部屋で一人でいても、酩酊して倒れるように眠るまで飲む。

ある日の晩、ウィスキーボトルを片手に部屋で一人楽しくやっている中、ノリで傍にあったマラカスで遊んでいたところ、すっぽ抜けてマラカスが割れた。

（あーあ……）と思ってから、（あーあ？）と思い直した。

割れたマラカスから出てきた大量の中身が、見慣れない形状をしていた。

拾って、確かめる。

これ、爪じゃん。

爪切りで切った爪じゃん。

大量じゃん。

佐々木さん曰く、そのときは余りにも酔っ払っていた為、出た言葉は「がびーん」だけだったそうだ。

翌日になってから事の深刻さを悟り、その日のうちに近所の神社にお祓いに行った。

以降、枕元に女は立たなくなった。

マラカスが誰かからのプレゼントだったのか自分で買ったのか、酒で溶けた健人さんの記憶は今も曖昧である。

隣の誰か

フミさんはとあるバンドのライブへ行った。

会場はオールスタンディングのライブハウス。フミさんはボーカルのファンだ。歌っている彼が正面から見える中央の柵前を陣取った。

ライブが始まると、会場にいるファンは一気にステージ前に集まった。

(最近は辛いの無理なんだよねぇ。年かな)

おしくらまんじゅう状態のファンの背中を見ながら、ボーカルの歌と顔にうっとりしていた。

彼女の隣に頭一つ分は背の高い男性が立った。

(男性ファンかな。珍しい)

横目でちらりと見ると、男の首には黒い色の太く長いものが巻き付いていた。

フミさんはそういうネックストラップがあるのかと思った。会場内は暑いが、男性はしっかりとした上着を羽織っていた。胸の辺りが少し膨らんでおり、服の中に何か隠しているようだ。

以前、ライブ会場で隠し撮りをしている業者を見かけたことがある。会場へ入る際に荷物検査はあるが、隠そうと思えばできる。

そのときの業者の男は、素早く服に隠していた一眼レフを構えると、写真を撮りあっと言う間に姿を消した。無駄のない動きに驚いたことがある。

(またかな。嫌だな)

隣の男が服の中にカメラを隠していて、禁止されている写真撮影をするかもしれない。写真を撮るようなら、運営に報告したほうがいいと思うが、捕まえることは難しい。放っておこうと決めたが、男の様子が気になって仕方がなかった。

暫く経っても、男がカメラを構える様子はない。隠し撮りをすると思い込んでいただけかもしれないと反省した。

男に女性の連れはいないようだ。ライブ会場で男性を見かけるときは、彼女と一緒ということが多い。一人で来る男性ファンは珍しかった。

さりげなく男の顔を見た。髪は伸びボサボサ。ネックストラップを首に何重にも巻いている。会場の明かりでそう見えるのか、首から上の皮膚が黒い。口元は緩んでいた。

(何か気持ち悪い人だな)

フミさんは男から離れようと思い、ゆっくり会場の右側に移動した。

離れてから再度、男のほうを見た。男は身体をかがめると、前に立っている女性の頭に顔を近付け髪の毛の匂いを嗅いでいた。

この行為が許されることなのか、それとも痴漢行為に当たるのか。あれこれ考えだすと、男から目が離せなくなった。

そのとき、ギター奏者の投げたピックがその男に当たり、床に落ちた。その瞬間、近くにいた女性達は、我先にピックを拾おうとその場に群がった。

ネックストラップの男は女性陣に潰されるような形になり、嬉しそうな顔をしてから姿を消した。


鈴鹿さんはヴィジュアル系バンドのファンクラブに幾つか入っている。仕事が休みの日に、ライブに行くことが生き甲斐だ。月に数回、何処かのライブハウスに足を運ぶ生活を長く続けている。

彼氏は長いこといない。バレンタインやクリスマスなどのイベントの日は、必ずライブがある。彼氏よりライブを優先しても許してくれる人でないと付き合えない。

会場で知り合った同性の友人も多く、皆一人だ。寂しいと思ったことはない。

三十代後半になると、結婚も諦めた。仲間も同じような感じで、自分だけではないという安心感があった。

鈴鹿さんの推しは、インディーズのバンドが多い。

その日の会場には、インディーズといってもかなり人気のバンドが出ており、ファンはいつも以上に興奮していた。

開演すると暫くはステージ近くで踏ん張っていたが、柵に押し潰されるのが辛くなり少し後ろへ移った。

自分の周囲に余裕ができ、ほっとしたとき。彼女の隣に男性が立った。肩が当たった。触れたところがひやりと冷たく感じた。

圧倒的に女性ファンの多い中で、男性は珍しい。相手の顔を見た。

「あれ？　大石君？」

会社の後輩に大石君という男性がいた。以前は同じ部署だったが、一年ほど前に移動になった。大石君もヴィジュアル系バンドが好きで、よくCDの貸し借りをした。仕事終わりに食事に行ったこともあるし、ライブに一緒に行ったこともある。彼のほうが年下で、頼りない性格から、二人の関係は恋愛に発展しなかった。

彼が移動してからもメールでのやり取りはしたが、大石君の返信がいつも遅い。試しに鈴鹿さんから連絡を止めてみると、そのまま連絡は途絶えた。

「えー、こっちに来てたの？　久しぶりだね」

大石君の移動先は、ここからかなり離れた場所になる。久しぶりの再会に驚いた。大石君は鈴鹿さんを完全に無視。見向きもせずに、ステージ前の激戦区に突撃すると姿が見えなくなった。

（無視されたかな。それとも聞こえなかっただけかな）

少しだけショックを受けていると、また肩がひやりと冷たくなった。

隣を見ると、大石君が涼しい顔で立っていた。

「俺、ライブで潰されているときが、一番楽しいかもしれない。俺をこのまま全部ぐちゃぐちゃにしてほしい」

潰れたい、潰れたい、潰れたい。

ステージのほうを見ながら連呼した。一方的に自暴自棄な言葉を吐くと、大石君は再びステージ前に突っ込んでいった。

「よくこれだけの人混みを、簡単に入っていけるなぁ。彼、大丈夫なのかな」

鈴鹿さんが驚いていると、また肩の辺りがひやりと冷たくなった。

再び隣に大石君が立っている。

「えっ、戻るの早くない？　大石君、凄いね」

鈴鹿さんが幾ら話し掛けても、大石君は無視だ。

「潰れて消えたいなぁ。でも痛いのは嫌だなぁ。死ぬときって、痛いと思う前に死んじゃうのかな」

ねちねちとした口調で独り言を呟いている。

鈴鹿さんにとって楽しいはずの時間が、徐々に辛くなった。

大石君はライブが終わるまで、何度も前方に突撃しては一瞬で鈴鹿さんの隣に戻った。

その度に「潰れたい」「痛いのは嫌だ」「消えたい」が始まる。

（こいつライブに何しに来たんだよ）

愚痴を繰り返すだけで、こちらの言うことは完全無視だ。鈴鹿さんはだんだんと腹が立ってきた。

——何処か見えないところでやってくれ。

鈴鹿さんが心の中で呟いたとき、彼が「これで最後です」と言った。

大石君は再びステージ近くの人混みに突撃すると、そのまま戻ってこなかった。

ステージ終了後に彼の姿を探したが、見つからなかった。


「大石君なら、元気で頑張ってるって聞いてるけど」

勤務先で彼の話をした。ライブで会ったことは言わなかった。

こちらにいた頃より肉が付き、かなり太ったという話だ。

（ライブで見たときは、全然変わってなかったけど）

以前、彼がストレスで食事の量が増えるタイプだと聞かされたことがある。

鈴鹿さんは、少し心配になった。試しにメールを送ってみたが、返信はなかった。

田村さんの話

数年前の自粛を余儀なくされていた時期、田村さんはアルトサックスを購入した。

時間を持て余し、ネットで動画ばかり見ていた折、それまで縁遠かったジャンルの音楽と接する機会が増え、それに伴い今まで関心外だったサックスの音色の魅力に気付き、自分でも吹いてみたいという衝動に駆られたのだという。

オンラインショッピングで教習本やマウスピースやリード、ストラップがセットになった五万円程度の安価な初心者用アルトサックス一式を購入。手元に届くと、ものは試しとすぐに一吹き。すると締まりのない爆音が、田村さんの住むマンションの室内中に響き渡る。

予想を遥かに超えた音量に狼狽《うろた》え、田村さんはすぐに自宅での練習を諦め、買ったばかりのサックス一式とともにマイカーに乗り込み、近場に適当な練習場所がないか探し回ったのだという。

数十分ほど当て処もなくマンションの周囲五、六キロ圏内をうろつき回り、結果目を付けたのが、鬱蒼《うっそう》と木々が生い茂った県道沿いの林の中。

周囲に人家が皆無で、徒歩でのアクセスが困難な僻地とも呼べるような場所。ここならば誰に気兼ねすることなく大きな音を出せる、と判断を下したのである。

県道から延びる細い林道を数百メートル程度奥へと進んだ先の、様々な木々に囲まれた車一、二台を横に並べられるくらいのスペースにマイカーを停車させ、田村さんは早速サックスを吹き始める。

肌寒い時期だったこともあり、エンジンを掛けたままの車内で、窓を閉め切り暖房を効かせての練習となった。

傍で人が聞いていたとすれば、がぴがぴとただただ騒音を撒き散らしているだけに思われたであろう——そんな練習を小一時間ばかり繰り返した辺りで、マイカーのサイドガラスの外側にこつんと何かがぶつかった。

練習に夢中になっている間に、日は殆ど落ちかけており、ただでさえ薄暗い林の中が、殊更に陰鬱な趣きを醸し出し始めている。

そんな色濃い闇のせいで、外に目を向けてもサイドガラスが音を発した要因がはっきりと分からない。

恐らく小枝が風で飛んできた程度のことであろうと高を括り、田村さんは再びサックスのマウスピースを咥え音を奏でる。

するとその十数秒後、またサイドガラスがこつんと音を立てた。

流石に今度は気になり、サックスの練習を中断し、マイカーのドアを開いて車外へと出た。

冷たい外気に首を竦《すく》めながら周囲を一分程掛けてぐるりと見て回る。

結果、辺りには誰もいないし、何か怪しげな物があるでもない。

どうにも納得できないが、何も見当たらないのだからしょうがない。

そのまま車内に戻り、再度サックスの練習を再開し数回音を奏でると、またもサイドガラスが音を立てる。

ただ今回は田村さんも窓の外を気にしながらサックスを吹いていたので、何がサイドガラスにぶつかり音を立てたのか、その正体を突き止めることができた。

小石だった。

ひゅっと数メートル離れた茂みのほうから、緩やかな弧を描いてこのサイドガラス目がけて飛んできたのである。

誰もいないと思い込んでいたこんな辺鄙《へんぴ》な林の中で、幾度も小石を放り続けられているこの状況。小石の勢いから、悪意や怒りみたいなものは微塵《みじん》も感じはしなかったものの――。

それでもこのとき、田村さんは異様な居心地の悪さを感じたのだという。

最早、小石が飛んできた茂みの中を確認しにいく気も、これ以上サックスの練習を続ける気も消え失せ、ただただすぐにこの場を去りたいという衝動で一杯になった。

マイカーをもと来た県道の方角へと向け直す為に、ぐるりとハンドルを切ってUターンさせる。

——と、その際に林の木々の合間合間で、様々なモノがヘッドライトの強い光に照らされ白く浮かび上がって見えた。

数秒にも満たないUターンの間の出来事だったので、それら全ての物体を認識できた訳ではなかったが、そのうちの一つは——。

それは地面から二メートルほどという半端な位置で、何処かの枝から見えない糸で吊り下げられているかのように滞空する、頭部や四肢のない成人男性のものと思しき、陰茎が露わになった裸体だった。

田村さんはぞわっと背筋が冷たくなるのを振り切るように、乱雑にギアを入れ替えマイカーを加速させた。今、目にしたもののことを深く考えようとも、後方を振り返り改めて確認しようという気も一切起こらない。ただただ一刻も早くこの場を離れたかった。


その後は、田村さんは一度もこの林周辺に近寄ったことがない。

またサックスもこの日以降、ケースの中に仕舞ったきりで、吹いていない。

考え過ぎかもしれないが、自身が奏でる下手くそなサックスの音色が、再び良からぬものを引き寄せてしまうのでは、と危惧しているのだという。

この素晴らしき世界

喜久野さんは地元のブラスバンドサークルに所属している。

メンバーは十人程度。比較的年齢層が高く、定年退職して趣味に精を出す方々や、子供を成人まで育て上げて、自分の時間を持てるようになった人々が主であった。

喜久野さんは四十台の専業主婦で、サークル内では比較的新入りの部類である。しかもメンバー中一番若かったが、持ち前の明るさと人見知りをしない性格が幸いしたのか、サークルをぐいぐい引っ張っていくほどのリーダーシップを発揮した。

週末限定の練習をしっかりとやって、小規模なコンサートへ向けて、公民館で一生懸命練習していた。


「……でね。ついこの間のことなんだけど。曲の練習中に訳の分からないことが起きちゃってるんですよ。ホント、嫌になっちゃう……」

眉間に皺を寄せながら、うんざりした口調で彼女は言った。

問題の曲は、「この素晴らしき世界」。

この曲は一九六七年に発表されたルイ・アームストロングの楽曲で、世界中で様々なアーティストにカバーされている人気曲である。

ブラスバンド界隈では定番の曲ではあったが、彼女のサークルでは毎回トリに演奏している名曲であった。

どうやら、コンサートで演奏する予定のこの曲の練習中、おかしな音が紛れ込むというのだ。

その原因を探ったところ、どうやらトランペットの演奏に問題があることが分かった。

「うーん、問題っていうのはちょっとアレかも。はっきり言っちゃえば……」

つまり、トランペットの演奏者が、とある小節で必ず間違えていたのである。

「そう。ちゃらちゃらららー、の部分でね」

そう口で言われてもさっぱり分からないが、とにかく必ずと言っていいほど、とある小節で間違えてしまうことだけは分かった。

「トランペット担当の大山さんは最近入ったばかりなんだけど」

彼は定年退職して時間を持て余していたらしく、学生時代に打ち込んだトランペットをまた始めたい、とのことで入会してきたらしい。

ひょっとして、かなり難しいパートなのであろうか。長年演奏していなかったのであれば、そのような弾き間違いが起きてしまうのも致し方ないのでは。

そう訊ねると、喜久野さんは頭を振った。

「そんな訳ないわよ。あの人、めちゃめちゃ上手いのよ。はっきり言って、プロ並みなのよ。あんなところで間違えるなんて考えられないのよ」

ということは。一体、どういうことであろうか。

彼女の表情があっという間に険しくなる。

「私も後で知ったんだけど……大山さんの前にトランペットを担当していた宮国さんって方も、そうだったらしいのよ」

宮国さんは高校の音楽教師をしていたが、定年退職後も音楽に携わっていたいとのことで、このサークルに入会したらしい。

仕事柄楽器に慣れ親しんでいたので、その技術はかなりのものであった。

そんな腕前を持ってしても、この曲の例の小節でだけは必ず間違えていたと言うのだ。

「結局、宮国さんは練習中に倒れてしまったらしく……」

そのまま帰らぬ人になってしまった。

「そんなこと言われても、俄に信じ難いじゃないですか。それで、この間の練習中に録音してみたんですよね……」

彼女はスマホのレコーダー機能を利用して、演奏の様子を録音していた。

もちろん、録音中の演奏でも同じ箇所で弾き間違いが発生していたが、録音したものを聞けば何かが掴めると思ったからである。

「……するとね。例の小節のところで……」

ちゃらちゃららら〜、と大山さんのトランペットが冴え渡ったかと思ったら、音声に突如異変が生じた。

何事もなかった音声が、急にくぐもり始めたのだ。

そして、間もなく。唐突に、嗄れ声の断末魔を思わせる短い叫びが聞こえてきた。

〈うっ〉

その瞬間、今まで精密機械のように正確だったトランペットが急激に狂いだし、唐突に素っ頓狂な音を奏でる。

〈あっ〉

間髪入れずに、またしても消え入りそうで微かな嗄れ声が入り込み、あとは何の問題もなく演奏は最後まで続いたのであった。

「まるで、お爺ちゃんの掠れた声みたいだったのよ。それでね。大山さんは、こう言う訳よ。ボクじゃない、ボクじゃない。何かがピストンを押したんだ、ってムキになって言い張っていたけど」

誰も押す訳ないじゃないの、と彼女は吐き捨てるように呟いた。

「もう、ホント。コンサートも近いのに、困っちゃうわ」

どうやら、大山さんの体調があまり良くないらしいのだ。

「この際ね。贅沢は言ってられないじゃないの。あんな些細なミスなんて無視しましょう、って言ったんだけど」

そのことを気にしていたのかどうかは不明であるが、週一の練習を欠席するほど、彼の体調は悪化していた。

「そしたらね、皆がおかしなことを言い始めたのよ……」

今まで、少なくとも四人のトランペット担当が亡くなっている、しかも、皆一様にあの曲のあの小節で必ず間違えていたのだ、と。

「……ったく。何でもっと早く教えてくれなかったのかしら。ホント、嫌になっちゃう」

喜久野さんは不機嫌そうに、軽く舌打ちした。

だが、万が一このことが本当だとしたら。もしかしたら、この忌むべき現象はこれからも継続するのではないだろうか。

一瞬、そのような最悪の事態が頭を過ったが、彼女は意外にもあっけらかんとしている。いつから始まったか分からない、この現象を目の当たりにしても、妙に冷静さを保っているのが不可解であった。

このままサークル活動を続けるのはまずいのではないだろうか。

そう口にした瞬間、ほんの一瞬だけ彼女の表情が険しくなった。もしかしたら怒りのせいだったのかもしれないが、すぐに元に戻った。

「……でも、そんな理由で辞められる訳ないわよね。そんな非科学的な理由で、ね」

数週間経過した後。

結局、大山さんはサークルに姿を現すことがないまま、病状が悪化して帰らぬ人になってしまった。

しかし、このサークルはかなりの人気があるのだろう。

何故なら、大山さんの後釜がすぐに現れたからである。

後任で入会してきた人は初老の男性で、これまた凄腕のトランペット奏者であると言う。

私は気になって仕方がない質問を、喜久野さんにぶつけてみることにした。

どうして、「この素晴らしき世界」にこだわるのか。そんなに問題が頻繁に発生するのであれば、いっそ他の曲を選択したほうが良いのではないか、と。

しかし、彼女はその問いを一笑に付した。

「ない、ない。ないわよ。他の曲なんて選ぶ訳ないじゃないの。もう決まっていることなのよ」

言葉では表現できないほど奇妙な笑顔を見せながら、彼女は言った。

第三楽屋の出入り口

ヴァイオリン奏者の三嶋さんは、自身の演奏活動の傍ら音楽大学の非常勤講師として後進の指導にも当たっている。そんな彼女がまだ駆け出しの新人の頃、あるオーケストラの地方公演にエキストラとして呼ばれたことがあった。エキストラとは、編成が大きな曲を演奏する際などに臨時で呼ばれるアルバイト団員のことだ。

場所はX県の某ホール。三嶋さんが入る楽屋は三十名ほど収容できそうな広さだ。何げなく出入り口に最も近い丸椅子に腰を下ろすと、

「そこ座ったらアカン！　他に座り！」

楽屋の奥から怒鳴り声が飛んできた。みると、五十歳前後の正団員らしい女性がこちらを睨んでいる。

今はどうか分からないが、ひと昔前のオーケストラでは新人いびりのようなものが横行していた、との話は業界内ではしばしば耳にするものだ。三嶋さんは、恐らくこれがそのいびりの一種なのだろうと状況を飲み込んだ。何処にでもお局のような人がいるものなのだなと思いつつ、「すみません」と応えて他の椅子に座る。

リハーサルは順調に進み、休憩時間。

三嶋さんは外出しようと楽屋を出る。ホールの構造上、外に出るには一旦舞台袖を通るのが近道だった為、休憩中でスタッフもいない真っ暗な舞台袖を通ることになる。

その際、奥手の舞台装置や吊り物の類いがある暗闇の中で、ふっと何かが動いたように見えた。装置や機械などではない。一瞬のことでよくは分からないが、小柄な人くらいのサイズの「もや」らしきものがうねるように移動した。

通常、人が入り込むような場所ではない為「あれっ」と思った瞬間——。

すっと全身の力が抜け、その場に倒れ込む。

「ええっ」

自分でも訳が分からないが、全身の血の気が引いて酷い吐き気がする。さっきまで何の変調もなかったのに、身体が動かない……怖い。苦痛と恐怖に混乱していると、突然、グッと誰かが襟元を掴んで三嶋さんの半身を起こす。

あのお局だ。お局は三嶋さんの顔のすぐ近くにまで無表情な顔面を寄せ、何やらよく分からない言葉をぶつぶつと口ごもると、三嶋さんの顔にふうっと強く息を吹きかける。反射的に目を瞑る三嶋さんを、彼女はそのままふいっと突き放し、「めんどくさいな」と捨て台詞を残していってしまった。

何だこいつは。

三嶋さんはそんなお局に腸が煮えくりかえるほどの怒りを覚えたというが、その怒りの為か不調は嘘のように治まり、普通に立ち歩けるようになったそうだ。

三嶋さんがこの不思議な出来事を思い出したのは、三嶋さんの生徒のひとりが、かつての三嶋さんと同じように、このオーケストラのX県公演にエキストラ出演することになったからだ。公演を終えた後、何げなくその生徒に演奏の首尾を訊ねたところ、演奏云々よりも、妙なジンクスを教わったことが印象に残ったと言うのだ。

何でも、生徒がホールに行ってみたところ、初めてのことで勝手が分からないだろうと若手の正団員が迎えてくれ、楽屋に入る前に「第三楽屋の出入り口付近の椅子には座っちゃダメだよ」と釘を刺されたのだそうだ。

「僕も先輩から聞いただけでよくは知らないけど、昔からそうらしくて。ウソみたいな話だけど、何か祟り的なものがあるんだって。それも、結構ヤバい奴らしいんだわ」

と屈託なく話すその若手正団員からはそれ以上の説明を得ることはできず、詳しいことは分からない。ただ、生徒の話を聞いてようやく三嶋さんは数十年前の奇妙な思い出に合点がいったという。

なるほど、あのお局はこの祟りのことを言っていたのか。そして恐らく、お局はその祟りとやらの解除方法を知っていたのだろう、と。

劇伴ピアノ

「いい感じの曲を作ってくれ」

小劇場を根城に芝居を演る演劇集団の座長を務める新藤から、軽い調子で頼まれた。

手渡された脚本を読むに、〈全般にコメディタッチで、ラブロマンスがあって、男と男の友情があって、重いシリアスがあって、ラストのほうには高らかに歌い踊る過激なミュージカルがあって、感動の余り全米が泣く〉ような内容、とある。

作曲家の東海林は、頭を抱えた。

「……おい、これ盛り過ぎだろう」

「演出で上手いことやるから、大丈夫。これを要所要所で盛り上げるにはやっぱり、いい音楽が必要だと思うんだよ」

通常、こうした規模の芝居では、ＳＥはとにかく音楽はありものの楽曲からフレーズの一部を編集したものを当てるか、クライマックスシーンにだけ当てるものだ。それを、全編、全場面に専用の劇伴音楽を当てるとは随分思い切りがいい。

「役者の演技に合わせた音楽が必要なんだよ。頼むよ」

「曲だけだぞ」

概ねそのようなやり取りから劇伴曲を作曲した。

完成した曲を聴いて、新藤は言う。

「素晴らしい出来映えだ！　君に頼んで良かった！　その調子で演奏も頼むよ！」

「曲だけって言っただろうが！」

劇伴音楽は、芝居内容に合うように作られる。

一曲一曲は短く、時にアイキャッチやジングルなど、数小節に満たないようなものまであり、全てが劇中のワンシーンを際立たせる為の音の演出としてある。

そして、小劇場の芝居は大変テンポが速い。役者同士の掛け合いは磨きが掛かり、時に稽古と初日と千秋楽で入るアドリブが違ったりする。

となると、予め録音した曲を都度都度にキュー出しして芝居と音楽のタイミングを合わせるのが極めて難しくなる。

つまり、新藤は「芝居を上演する間、ライブで劇伴曲を演奏しろ」と言う。

いやまあ、できるけど。一度くらいはやってみたかったけど。

「それ、役者以上に全編出ずっぱりで演奏し続けるってことだろう」

「カーテンコールのときは君をセンターに据えるから頼むよ！　な！　な！」

押し切られた。

個々の稽古にも随分付き合ったし、通し稽古《ゲネプロ》でも特に問題はなかった。

劇場——と言ってもライブハウスに毛が生えた程度の小さなハコだったが、舞台袖に思いのほか余裕があった。

「ここからなら視界は問題ないかな」

そこに劇場が元々保有しているアップライトピアノが置かれた。

自分が書いた曲だから今更譜面は必要ないが、稽古を重ねたといえ役者の演技には揺らぎがあり、日々の出来映えの差がある。つまり、劇伴演奏は舞台を見ながらリアルタイムに、ライブで微調整をしなければならない。

その為にはピアノが客席から見える必要はないが、ピアノから舞台が見渡せる必要がある。

この劇場では最近はあまり使われていなかったと聞くが、備え付けのピアノの調律も特に狂いはない。この規模の劇場でやるなら音量も十分だろう。

劇中曲を軽く弾いてみて、鍵盤の手応えも確認した。

これで、問題なく演れる。

明日が初日である。酒はほどほどに、体調を整え、本番に臨もう。

そうして迎えた初日。

開幕曲を奏で始めるのと同時に舞台の幕は上がった。

新藤の口癖は、〈芝居を止めるな〉である。

何処かで聞いた映画のタイトルにも似て聞こえるが、舞台の教訓としてはこちらのほうが先だ、と彼は言う。

「一度幕が上がったら、もうそこにある芝居の世界は止めてはいけない。台詞をとちってもやり直しはない。我々の人生に躓《つまず》きがあってもやり直しが許されないのと同じだ。舞台の上でも同じだ。始めちまったら、最後まで続けるしかないんだ」

役者が台詞を噛んでも、劇伴が弾き間違えても、何なら親の訃報が飛び込んできても、そんなことは観客には関係ない。最後まで演じ通せ——。

劇伴も同様である。

幕が上がり、最初の山場が来た。

劇伴がこれを支えなくてどうする。

頭ではそう理解しているのだが、東海林は恐怖——というより、困惑していた。

ピアノの上に男達がいたからだ。

それは、東海林の手のひらほどの身長しかない。

小さな、しかし、むくつけき全裸の男が二人。

それがピアノの上で組んずほぐれつ愛し合っている。

しかも、劇伴ピアノの奏でる楽曲にぴったり合わせるかのように腰を振る。

……この曲は、主人公がライバルと激しくぶつかる場面の為の曲である。そういうぶつけあいの為に作った曲ではないので、正直やめてほしい。

舞台の上を横目で見ると、粛々と場面が進んでいる。

役者がすっ転ぶ演技を確かめて、曲を変える。

正面に向き直ると、ピアノの上の二人は体勢を……体位を変えていた。

先ほどまでの荒々しいシーンに合わせた激しい曲でのハードな睦《むつ》み合いから、ゆったりとしたシーンに合わせたスローバラードに身体を委ねるような、ねっとりした睦み合いになっていた。

これには噴きだしそうになったし、とにかく演奏をしていて気が散って仕方がないのだが、むくつけき全裸の男二人の姿はピアノの上から消えることはなかった。

結局、この後幕が下りるまでずっと二人は激しく絡み合っていた。

厄介なことに、それは一時の見間違いの類いでは済まなかった。

千秋楽まで、終始こんな具合であった。


あの芝居小屋に何かあるのか、劇伴に使ったピアノに何かあるのかは知らない。

余計なことを漏らしたら、新藤が「今度はホラーを演ろう！」などと言い出す気がしたので、上演期間中も千秋楽後もピアノの二人については一言も話していない。

とにかく、今後はもう絶対に劇伴は演らない——と、それだけは心に強く決めた。

まだ、やっている

小さな出来事ではあるが、未だに忘れられないのだと新井さんは語る。


十数年前。ようやく漕ぎつけた、東京の企業との商談であった。

色んな不安が両肩に掛かり、先ほどから生欠伸が止まらない。

わざわざ印刷して持参したメールと地図を見比べながら、新橋駅の北改札を出る。

人波に飲まれぬように抜き手を切りつつ右手へ折れると、銀座口である。

赤信号にひと息ついて、何とはなしに横断歩道の向こう側へ目をやった。

女の子、である。たった一人、小学校低学年ぐらいの女の子が信号待ちをしている。

不思議なことに、その目は新井さんをしっかりと捉えている。目が合っているのだ。

信号が青に変わる。一目散にこちらへ駆けてくる。横断歩道のど真ん中で、対峙した。

「お久しぶり！　まだ、音楽やってるの？」

妙に大人びた口調であった。曇りない瞳の横で、いちごの髪留めが二つ、揺れている。

確かに、この世界に足を踏み入れて久しい。歴だけは長いんだ。恐らく君が生まれる前からだろう。けれども君は誰だ。旧知のように問い掛けるが、僕は君を——。

「うん、何とかまだやってるよ」

何故そんな答えが口をついて出たのか、不思議であった。暫し、立ち尽くす。

信号が点滅し始める。急いで渡ってしまわねば。しかしこの子はどうしたものか。

「もう、じゅんこちゃん、迷子になるから離れちゃダメって言ったでしょ」

ぱたぱたとけたたましい足音を立てて近付いた大人の女性が、ぐいと手を引いた。

恐らくは、この子のお母さんなのであろう。

「じゃーね、またね、元気でね、バイバイ」

こちらを何度も振り向きながら、手を振り去っていく。

その姿を、新井さんは呆然と見送った。

ともあれ、急がねば。鞄の中には、自らが作曲した音源が入っている。

地図をちらりと見て、目指すゲーム制作会社への一歩を踏み出す。

その足取りは、先ほどより幾分か軽やかであった。

会ったのか

事前に指示されていた通り守衛室で鍵を借り受け、グランドの端に沿う通路を経て校舎に向かう。硝子製の扉を解錠して中に入り、内側から施錠した上で薄暗い廊下を右に進んで突き当たりの階段を上る。向かうべき音楽室は三階とのことだ。

金谷さんはとある地方の中堅楽器販売会社でピアノ調律師として働いている。基本的には顧客のピアノの調律やメンテナンスが主な仕事だが、会社としては個人のみならず学校や公共施設などの調律依頼も請け負っており、実に様々な場所のピアノの調律を行ってきた。

今日はとある私立高校の音楽室の調律だ。普段、この学校は会社の先輩である衛藤さんの担当の為、金谷さんにとっては初めての現場だった。衛藤さんが休みを取りたいとのことで、急遽代役を務めることになったのだ。

従来からの学校側の要望で、調律は休日のうちに済ませることになっていた。その為学校内には人の気配がない。ピアノ一台の調律に二時間ほどは掛かる為、複数台あるこの高校では、平日にやっていたのでは授業などに使えず困るということなのだろう。

音楽室に入って作業に掛かる。黒板近くにあるグランドピアノを終えたのち、左側の壁に沿って置かれたアップライトピアノに取りかかった。

調律していると、ふと背後から視線を感じて振り返る。教室の向こう側が窓とバルコニーになっていて、やや逆光気味だが室内は見渡せる。もちろん誰もいない。

気を取り直して再び調律に当たると、

「あれっ？」

ピアノの音が急に伸びなくなった。楽器の状態は悪くない。にも拘らず、音がくぐもって響かず、僅かなノイズがビビビと生じている。音の高さがおかしい訳ではない。何故かしっかり鳴らないのだ。こんなことは初めてだ。

それでも何とか作業を進めて調律を終える。よくできたとまでは言えないが、使用に堪えるようにはなったと自負できる。ただし、そこまで持っていくのに通常の倍の時間が掛かってしまった。

その間ずっと背中に視線を感じており、何度も振り返ったが、音楽室には確かに誰もいなかった。

いざ帰ろうと音楽室を出ると、隣の音楽準備室の扉が開いている。

来るときには開いていなかったはずなのだが、おかしいなと思いながら何げなくその小視線を遣ると――。

部屋の中を覗いてみた。雑然と物が置かれ、事実上の倉庫となっているようだ。その奥に

「ひっ」

人が立っている。

誰もいないとばかり思い込んでいた金谷さんはつい驚いてしまったが、しかし同時に、この人が先ほどから感じていた視線の主かとも思い、視線はやはり自分の思い込みではなかったのだと安堵もした。

薄暗い部屋の奥、髪型や服装などから恐らく三十代前半くらいの女性と推察される人物が、こちらに背を向けてじっと立っている。俯くというほどではないが、視線をやや下げて部屋の右奥の角の辺りを凝視しているようだ。何をしているのだろう。

「あ、すみません、フジサワ楽器社の者です。今、調律終わりましたんで……」

と声を掛けても、返事がないどころかこちらを振り向きもしない――いや、微動だにしないと言うべきか。変わった人だなとは思ったが、調律に思いのほか時間が掛かり、予定より随分と遅い時刻となっていた為それ以上話し掛けることはせず、

「じゃ、失礼します」

と言ってその場を後にした。階段を下りながら、あれがこの学校の音楽教師なのだろうか。こちらの声が聞こえていないことはあるまいに、まるで反応しないとはどういうこと

なのだろうか。などと思案しつつ、ひょっとしたらマネキンだったのかもしれない、と思い至った。

以前、ここことは別の学校の音楽室に行った際、正しい発声の姿勢を例示する為だという等身大の骨格模型が置いてあったのだ。そのときは奇異に感じて印象に残っていたのだが、音楽の授業で骨格模型を使うことがあるならば、同じような目的でマネキンを使うことだってあるのかもしれない。だとしたら、疲れていたとはいえマネキンに挨拶をしていた自分が滑稽でもある。


数日後、社内で衛藤さんに会うことがあった際、何げない雑談として件の私立高校でのことを話した。「マネキンを人だと思って話し掛けてしまいましたよ」と自嘲的に言ったところ、衛藤さんは僅かに困惑した様子で、

「マネキン？」

と応じたが、すぐにすっと表情を硬くして、

「……ああ、会ったのか。そうか。……で、何か言ってたか？」

と真顔で返す。

衛藤さんのこの返答には違和感を覚えた。マネキンではなかったことが前提なのだとしても、あれが音楽教師なり学校関係者なりだとすれば、「何か言ってたか」というような

言い回しになるだろうか。何となく普通ではない雰囲気を感じた金谷さんは、曖昧に受け流して会話を切り上げたという。

僕がこの話に興味を持ったのは、偶然にも、全く別件でこの高校の卒業生の話を聞く機会があったからだ。

渋谷さんというその卒業生は今、大学一年生、昨年度までこの高校に在学していた。金谷さんが調律に行ったのも正に昨年度だ。吹奏楽部員だった彼女は授業のみならず部活でもかの音楽室を使用しており、音楽室事情には詳しい人物といえる。

彼女によると、音楽の授業でマネキンを使用したことは一度もなかったという。学内でマネキンを見たことはないし、そんなものがあるという話を聞いたこともない。興味深いことに、音楽準備室は確かにあったが、常に施錠されていたそうだ。昔から閉じられたままで使用されていなかったようで、渋谷さんも中を見たことがない。吹奏楽部の顧問も兼ねる音楽教師が「随分昔に鍵を紛失して、そのまま開けることができないらしいと聞いた」と言っていた記憶がある。

今考えれば、所謂「開かずの間」ということになるのだろう。ただ、当時はそれが当たり前だったが為に、特に話題に上ることはなかった。まるで生徒達の認識の外にあるかのように。

今にして思えばこのことは不思議だ、と渋谷さんは言う。

運動部の部室や体育館の更衣室にまつわる怪しげな噂は耳にしたことがあったが、音楽室や音楽準備室に関しては、怪異めいた話を全く聞いたことがない。古びた「開かずの間」の存在は、その手の話の格好のネタになりそうなものなのに。

なお、この高校の音楽教師は四十代の男性だ。

何かを知っているかもしれない衛藤さんからも話を聞きたいと思った僕は、金谷さんに仲介をお願いしたのだが、あれから程なく衛藤さんは退社したそうで、今や連絡を取ることもできないという。

ファンタスティック・ピアノ

ドラマーの友人、目黒から聞いた話だ。

目黒は現在セッションドラマーとして活躍しているが、かつては自分のバンドを持っていて精力的にライブ活動を行っていた。

ライブ前に必須なのは十分な練習。

とにかく音が大きく器材が多い生ドラムは、練習場所の確保に困る楽器の筆頭であるといえる。

スタジオ代も馬鹿にならないが、まだ若かった目黒には先立つものが余りない。

どうしたものかと音楽仲間達から格安スタジオの情報を仕入れていく中、ある公営施設内の音楽室が格安だと聞いた。

事前予約制で、その安さから枠が埋まりがちではあるものの、数時間借りても二千円もしないという。

それでは早速と予約を取り、当日はバンドのギタリストの村山と二人で施設に向かった。

立地は駅から少し離れていて、住宅街を縫うように歩くと緑地に囲まれそれが建っているのを見つけた。

現代的で清潔感のある施設だった。近年に建てられたものなのか、館内はくすみのない白壁に囲まれている。

正面入り口横の受付で予約した旨を告げ、つつがなく音楽室へ入った。

話に聞いていた通り、広々とした空間にはバンド練習用のアンプやドラムセット、アップライトのピアノも設置されていた。

「これは確かに予約取り辛いだろね。良いじゃん、ここ」

村山が開口一番に感心のコメントをする。

目黒もそれに同調し、二人は練習を開始した。


「お願いしますぅ。ほんとにお願いしますぅ。お金なら払うって言ってるじゃないですかあ」

「いや、あなたね。困るの。そうやって、しょっちゅう来られても、あれは販売してるものじゃないって何回も言ってるでしょ？」

練習を終え、会計を済まさんと再び受付に向かった二人は、小太りの中年女性が事務員に何事かを懇願する様子にでくわした。

肩まで伸びた女の黒い髪が重みを感じさせる。

「お願いしますってぇ」

「無理です無理です！」

女が窓口を占有している為、どうにも支払いをし難い。

「ほんと、あのピアノがあたしの所に来たがっているんです！　何故それが分からないんですか！」

「そんなこと言われても困りますよ！　後ろの人が待ってますから、どいてください！」

事務員に促されて目黒は窓口の前にようやく立つことができた。

女はこちらに目礼をしつつも、憮然とした様子を隠さない。

アバンギャルドな音楽を志向する二人は、正に脱領域的なこの女性の様子に強い興味を覚えたが、今ここで深追いする訳にもいかない。

「いやあ、様子がおかしい人だった。何だったんだろね」

「ピアノがどうこう言ってたよね。あのアップライトかな」

「『金なら払いますから！』ってね……じゃあ、楽器屋から買えばいいのにね」

二人は施設を出た後、そんな会話をして女の名残を楽しみつつ、「次の練習もここでやろう」と話し合った。

「ああ。あの女の人、あそこの名物だよ。俺も二回ほど見たことあるな――」

とあるライブの打ち上げで、話のネタにと施設のあれこれに触れたところ、対バンのベーシストがそう言った。

「――ピアノに取り憑かれてるんだよ。音楽室にあるじゃん。あのアップライト。あれがどうしても欲しいって足繁く通ってるんだってさ」

「へえ。それ、誰から聞いたの？」

「事務員。白髪のお爺ちゃんが窓口にいたでしょ？　あの人、ああいうお堅い施設の職員にしてはお喋り好きなんだよ。今度訊いてみなよ。お前ら、ああいうの好きなんだろ？」

ベーシストは目黒と村山の顔を交互に見ながらそう言った。


二人が再び施設に訪れたのは、初回の利用から一カ月ほど経った頃だった。

窓口に向かうと件の〈お喋りな事務員〉の姿があった。とはいえ、今話し込んでしまうと練習時間を取られてしまう。期待していた女の姿は館内になかったが、そもそも練習が目的である。村山も心なしかあちらこちらを見回して女を見つけようとしているように感じられたが、目黒はライブが近いこともあり、あえて練習と無関係な話題をせずにいた。

音楽室に入りドラムのセッティングをしていると、村山がアップライトの蓋を開け、立ったまま人差し指で鍵盤を突きだし始めた。

やはり、気になるのだろう。

正直、気にならない訳がない。

村山が奏でるピアノの単音に耳を傾けようと、目黒は調整の為にスネアを叩く手を止め、スティックを置いた。

ポン。

ポン。

ポン。

可もなく不可もない音色だった。

村山は小学生の頃にピアノ教室に通っていて、頼めば何かしらを弾いてくれる。

ただ、今は遊びの時間ではない。

見るとエレキギターは既にアンプに刺さっていて、今すぐにでも合図を送れば練習ができそうだ。

「んじゃ、やろうよ」

「んん。よし、やろうか……」

気のない返事があるものの、村山はピアノから離れようとしない。

村山は日頃からいかにも音楽家風情というような、世間離れした行いが目立つ。

強めに不満を表して練習に集中させてもいいのだが、何処か傷つきやすいところもある。

「それでなんか弾いてみてよ」

目黒は暫し考えた挙げ句、雰囲気が悪くならないよう、そう声を掛けることにした。

「えっと。ああ、そうね……」

村山は目黒をちらりとも見ずに鍵盤に向かい、椅子に座った。

演奏が始まり、終わる。

堪らず目黒は大きな拍手をする。

村山はその拍手で、我に返る。

村山が弾いたのは目黒の知識では題こそ分からなかったが、たまにテレビやラジオで耳にしたクラシック曲だった。

難度が高い速い指遣いと複雑な和音が澱みなく繰り出され、単音では分からなかったピアノそのものの個性も引き出されている。何より、ここまで村山がピアノの名手だとは知らなかった。プロさながらの演奏だった。

「すげぇじゃん！　こんなにできるなら今度鍵盤楽器メインの曲も作ろうよ！」

興奮気味にそう伝えるも、まだ村山は何やら考え込むように押し黙っている。

何か音楽家として感ずるものがよほどあったのだろうか。

「どうした？」

「いや……」

それだけ言うと、ようやく村山はピアノの蓋を閉めてギターを肩から提げた。

「だから！　帰ってください！　良い加減、警察に相談しますからね！」

「何を言ってるんですか！　だから、あのピアノが私のところにね！　来たがってるんですよ！　これはいつも言ってますよね！」

受付には待ってましたと言わんばかりに女がいて、前回と変わらず珍妙な訴えと困惑の応答が窓口を占有していた。

目黒はまた暫くこのやり取りを見られることを、少し離れた所で立ったまま喜んだが、村山は気が乗らないらしく、ずいずいと精算を求めて窓口に近付いていく。

「ピアノが、話し掛けてくるんですぅ！　ねえ？　あんたにもねえ？」

女はほぼ真横にまで接近していた村山に急に顔を向けてそう言った。

村山は突如の声掛けに驚くあまり、後ろに二歩下がりながら「うわぁっ！」と声を上げる。目黒はその滑稽な展開に思わず笑う。

が、村山にとってはどうも冗談どころではなかったようだった。

ふうふうと急に息を荒くし、いかにも脱力したように肩を落として出入り口に向かい出す村山の姿は、流石に笑えない。

「ああ、あなた達、お会計ね。どうぞどうぞ」

女は順番待ちの存在に気付くと、笑顔を向けてそう言った。

目黒は女がまともな部分も持ち合わせていることに少々の驚愕を覚えたが、「ああ、すみません」と平静を装った声で応じた。料金を支払いつつ、既に施設から出た村山の落ち着かない様子を出入り口の硝子越しに窺《うかが》った。

帰路の道中でも、村山は何処か気落ちしたようだった。

その二年後、村山は「母親が身体を壊したから家業を継ぐ為に和歌山に帰る」と宣言し、バンドは解散となった。解散後、二人はフェードアウトするように連絡を取り合わなくなり、バンドシーンでも村山の話題は全く出なくなりつつあった。

が、目黒は現在に至るまでの間に幾度か、こんなことを音楽仲間から言われている。

「お前が前にやってたバンドのギタリストさ、あいつたまにあの施設に来てるらしいよ」

「あいつ、頭おかしくなってんの？　何か聞いてる？」

「あの施設にあるアップライトのピアノが欲しくて、わざわざ和歌山から来てるんだってよ。俺にそうやって言ってたもん。声掛けたら本人がそう言ったんだから」

目黒はそう言われる度に、村山がバンド解散前にした幾つかの告白を思い出す。

「あのピアノ、おかしかったんだって。俺、あんな曲知らないもん。小学校で二年しかピアノ教室に通ってないんだよ？　弾ける訳なくない？」

「何か、変な感じだったんだって。ほんと……うん。ほんと。あの女がおかしくなったのって、こういうことなのかな」

「実際、たまに思うんだよ。あのピアノが部屋にあったらなって。俺、ヤバいね。実家のこともあるし、ストレス溜まってるのかも」

現在もその施設は都内にあるが、もうピアノをねだる女の姿も村山の姿もなく、そもそもアップライトのピアノも音楽室に置かれなくなったという。

村山の「家業」、和歌山の小さな喫茶店はコロナ禍を経て倒産した。

稽古する

時折吹き込む隙間風に冷たさが残っていたから、春先のことであったろう。

翳《かげ》る部屋の片隅で、優子さんは独り途方に暮れていた。

たおやかであった手は固く強張り、左の指先からは血が滲んでいる。

優子さんは神社に奉職する巫女なのである。

大祭が、近かった。大祭では神楽舞を奉納するのが常であった。

とはいえ新人の優子さんはまだ舞い手にはなることができぬ。

囃子《はやし》方として、箏《こと》を弾くのである。けれども箏など初めて触れるのだ。

正座、箏爪、見慣れぬ譜面。弦を押さえて一音上げろと言われても、指が痛むばかりでちっとも上手にならなかった。困惑、焦燥、悔恨の日々である。

とんつく、とんつく、とんとんとん。不意に太鼓の調子が聞こえてきた。

ひいよ、ひいよ、ひよろろろ。吉祥鳥が空舞うような笛の音である。

ぽろろ、ぽろろ、ぽろろ、ぽろろんろん。自分が何度も躓く箇所を鮮やかに弾いている。

いても立ってもいられなかった。稽古を付けてもらわねば。

てんつく、ひよろろ、ぽろんぽろん。

音は二階から聞こえてくる。緋袴の脇をそっとつまみ上げて走る。

ぽろろん、ひいろろ、とんとんとんつく。

いよいよ、曲は盛り上がりを見せている。

先輩に見つかれば叱責は免れまいが、背に腹は代えられぬ。

ひいよろろ、息を切らし階段を駆け上がり、ととんととんつく、会議室と書かれた扉を叩き、ぽろろろん、返事も待たず開け放つ。

——そこには誰もいなかった。楽器一つ、什器一つ置かれてはいなかった。

しんと静まり返ったがらんどうが、闇の中に沈んでいるばかりである。

納得いかぬ優子さんは、この話を先輩職員に伝えてみた。

「そんな時間のそんな場所に誰がいよう。そも神楽の稽古など、人に見せるものでなし」

全く以て、にべもない。

けれども、それ以来。優子さんは神楽にまつわる不思議な体験を繰り返すことになる。

誰もが名を知る、関東某社での出来事である。

泣き三味線

岩岡さんは三味線を趣味としている。始めたのは高校生の頃である。町内会の催しで、内田という老人が弾いた津軽三味線に感動し、教えを乞うたのがきっかけだ。

元々才能があったのだろう、岩岡さんはめきめきと腕を上げていった。色々な曲が弾けるようになったおかげで、欲が湧いてきた。内田の三味線のような高級品が欲しくなってきたのだ。

技術面や積んできた経験の差は当然ある。それは努力次第で何とかできるはずだ。どうにも埋められないのは楽器の差だった。

内田の三味線は、見るからに高級な材を使い、音の響きもまるで違う。自分のは初心者向けのものだ。部品一つとっても、プラスチック製だったりする。皮も合成のもので、出てくる音は素人でも分かるぐらいに深みがない。どれほど完璧に弾いても、内田が出す音には遠く及ばない。

同じような物だと最低でも二十万円。高校生が出せる金額ではない。毎年のお年玉から貯金しているが、それも五万円ほどしかない。

選択肢としてはアルバイトで貯めるか、親に借りるかの二通りだ。

だが、それほど裕福ではない家計を考えると、親に甘える訳にはいかない。高校はアルバイトが禁じられている。

卒業するまで我慢だなと諦めかけた岩岡さんに、思いがけない奇跡が訪れた。

通学路にある質屋の飾り窓に、三味線が展示されていたのだ。見たところ、かなりの高級品のようだ。

ところが、値札には一桁間違えているとしか思えない数字が記されてある。もしかしたら、質屋の店主は三味線の価値が分からないのかもしれない。またとない機会に、岩岡さんは胸を躍らせながら店に入った。

「展示してある三味線、見せてほしいんですけど」

声が上ずりそうになるのを堪え、店主に話し掛ける。目の前に置かれた三味線は、予想通りの高級品だった。

棹《さお》は紅木《こうき》、胴は花林《かりん》、糸巻は黒檀《こくたん》だろう。内田が自慢する逸品と同じだ。作りも丁寧で、何よりも皮が素晴らしい。

三味線は、琉球から伝わった三線《さんしん》が元となっている。

蛇の皮を使う三線を改良していく課程で、いつしか猫や犬の皮が使われるようになった。どちらも、江戸時代に入手しやすい小動物だからだ。

皮は、僅かな傷があっても音色に影響する。また、若ければ若いほど皮が薄く、繊細な音色が得られる為、傷のない子猫が最も良いとされている。

現在では犬、カンガルー、羊、合成皮などが使われる。岩岡さんの愛器も合成皮である。だが、目の前のこれは、かなり高級な皮だ。これほどきめ細やかで滑らかな皮は、内田の家でも見たことがない。

正規品として買ったなら、百万円を超える可能性もある。それほどの品なのに、店主は全く興味がないようで、帳簿の整理をしている。

岩岡さんは学生証を差し出し、店主に取り置きを頼んだ。すぐに金を持ってくるからと言い残し、全力疾走で帰宅した。

何事かと戸惑う母親に事情を説明する。母親は、笑って了承してくれた。

貯金を全額引き出し、息を切らして質屋に戻る。目を丸くして見つめる店主にお金を渡し、岩岡さんはとうとう念願の三味線を手に入れた。

再び息を切らして自室に戻り、ケースを開け、まずはじっくりと眺めた。やはり、この部屋にあるのがおかしいぐらいの高級品だ。

取り出して調子を合わせ、弾いてみる。憧れていた音が部屋中に広がり、岩岡さんは恍惚となった。

弾ける曲を次から次へと奏でていく。何十回と繰り返し弾き込んだ曲のはずなのに、全く別物に聞こえてくる。

　夢中で弾き続けていた岩岡さんは、部屋のドアをノックする音で我に返った。

「ちょっといい？」

　母親である。ドアを開けると、母親は室内を見渡しながら妙なことを言った。

「変ねぇ、赤ちゃんの泣き声が聞こえたのよ」

「赤ちゃんの泣き声って、どんな感じの」

「ええとね、一人じゃなくて何人も泣いてた」

　確かに聞こえたんだけど、と母親は首を捻りながら戻っていった。

　気が付けば一時間以上も弾いている。岩岡さんは、取りあえず三味線をケースに片付けて勉強に取りかかった。

　翌日は三味線の練習日である。岩岡さんは、買ったばかりの自慢の愛器を内田に見せた。

　内田の顔色が瞬時にして変わった。恐る恐る手に取り、暫く舐め回すように見ていた内田は、深い溜め息をついた。

「弾いてもいいかい」

　返事も待たずに内田は得意な曲を弾き始めた。鳥肌が立つほど凄い音だ。

　これが自分の三味線なのだ。岩岡さんは泣きそうになったという。

　満足したのか、内田は再び深い溜め息をついて三味線をケースに戻した。

「岩岡君、これ、売る気はない？」

岩岡さんは優しく微笑み、丁寧に断った。


それほど愛している三味線なのだが、岩岡さんは人前で弾いたことがない。

最初の頃は何度か披露したことがあるのだが、その都度、何人かがこう言うのだ。

「三味線から赤ちゃんの泣き声が聞こえてくる」

一々抗うのも面倒なので、人前で弾くのを止めてしまったそうだ。

その代わり、部屋で弾きまくる。毎日、気が済むまで弾く。気が付いたら朝ということも頻繁にある。

父親は呆れているのか、何も注意しない。最近では会話すらなくなった。

母親は、赤ちゃんが泣いてる、泣いてるのよと喚き散らしながら家を飛び出した。

それきり帰ってこないので、誰に遠慮することもないという。

呻き

木原さんが勤めている会社は、所謂何でも屋だ。

依頼の多くは遺品整理や廃品回収であった。


数年前、九月のある日。

依頼主の家に行くと、気品ある婦人が招き入れてくれた。

大分昔に亡くなった御主人の遺品を処分したいとのことだった。

「一人暮らしだと要らないものが多く目に付きまして……本日はよろしくお願い致します」

通された和室に広げられた工芸品。それに和楽器が幾つか。

笙《しょう》、琴、三味線、琵琶《びわ》。そして尺八。

聞くところによると御主人の趣味だったそうだ。

「これは凄いですね。全て処分でよろしいんですか？」

「引き取ってもらえれば何でもいいです」

買い取りではなく処分の依頼。

これを売り払ったらいかほどになるだろうか。

邪な思いで品々を見つめた。

「引き取ったあと、そちらで売ってくれてもいいですよ。買い手がいればですけど」

「や、お恥ずかしい。しかしながら、これだけの品物ですから。買い手なんて幾らでも出てきますよ」

「多分、全部返品されますから」

何故そのようなことを言うのだろうと考えていると、婦人が琴に触れた。

低い音をボンと弾いた。

余韻が響く。

が、いやに長く細く、震えるかのように続く。

聴いているうちに呻き声のように感じた。

「ね、分かりましたでしょ?」

「何がです」

ボン。ボンボン。

んんんぅぅ……。

「何か……呻いていますでしょ」

ボンボンボン。

んぅぅぅぅぅ……。

終始余韻、もとい呻き声が聞こえた。

「私、許せないんですよ。死んでまで文句言ってくるなんて」

上品な顔立ちは怒りで歪み、弦を乱暴に弾く。

「息子は竿だか尺八をふざけて吹こうとしたんですけどね。音色は出ずに呻き声だけが」

ボン。

んぅぅ……。

「私は琴しか弾けないので、琴しか試したことないんですが……木原さん。あなた何か弾けます？」

ボンボンボン。

んんんんぅぅ……。

婦人は琴から目を離さない。

ただひたすらに弦を弾く。憎くて仕方ないと言わんばかりだった。

「いえ……あの、こちらの品物は、全て処分ということで承らせていただきます」

「そうですか。何卒、よろしくお願い致します」

彼女は木原さんに向き直り、三つ指をついた。

木原さんは金木犀《きんもくせい》と線香の匂いが立ち込める家を後にした。

聞くところによると、この婦人は旦那さんと息子さんを続けざまに亡くしたそうだ。
それも十年以上も前に。
木原さんは当時を振り返ってこのように話す。
「呻き声、どうも一人の人間のものだけじゃなかったように思うんだよな」
このときに回収された楽器類。
すぐに焼却炉で燃やしてしまったそうだ。

神は何処《いずこ》

直人さんは中学生の頃、お小遣いでハーモニカを購入した。ハーモニカといっても、かつて小学校の音楽の授業で使われていた「教育用ハーモニカ」ではなく、「ブルースハープ」と呼ばれる、十個の穴を持つ手のひらに収まるほどの小ぶりなサイズの「テンホールハーモニカ」である。

ラジオで耳にしたブルースシンガー「ハウリン・ウルフ」のハープの演奏に魅了され、衝動的に楽器屋に飛び込み購入に至った直人さんだったが、ＹｏｕＴｕｂｅはおろかパソコンもまだ普及していなかった時代ゆえ、独学で演奏するしかなかった。微妙な舌遣いや呼吸の加減が必要となるブルースハープの奏法は、購入した教則本だけでは習得が難しく、いつまで経っても彼が憧れたブルージーな演奏には程遠い、首を絞められた子豚の鳴き声のような音しか出せない。早々に上達を諦めてしまい、ブルースハープは部屋の隅に放り出されて、埃を被っていた。

高校受験を控えた、冬のことだった。夜遅くまで机に向かっていると、畳の上をゆっくりと動く銀色の物体が視界に入った。暫く目にしていなかったブルースハープが、じりじりと移動している。目を凝らすと、ハープのひと穴から這い出た、小指の先ほどの黒いナメクジに似た物体が、カタツムリのごとくハープを背に負ったまま、直人さんに向かってきていた。更によく見れば、黒い物体には小さな頭があり、二本の腕状の突起が身体から出ていて、匍匐《ほふく》前進をするように移動しているのが分かった。

それは、黒い、小さなヒトだった。

ブルースの神様だ。

ハープを背負ったこびとのような生物を見て、直人さんはそう信じ込んだ。これで自分のハープの腕は、格段に上達するに違いない。何せ神様を目撃したのだからと――。

再び練習に励んだが、子豚の鳴き声が親豚になった程度の変化しかなく、結局またすぐに吹くのを辞めてしまった。

高校卒業後、家を出た直人さんは、押し入れに突っ込んだままにしていたブルースハープの存在を、すっかり忘れていた。

「あんたの部屋の押し入れ、何か物音がするんだけど、ネズミでもいるんかねぇ」

何度か母親からそう告げられたが、確かめることもしないまま、両親の他界後、実家は業者の手によって家財ごと処分されたという。

ドラム

勇作君は去年、大学を卒業した後、都内のとある中堅医療機器メーカーに就職した。

これは勇作君が入社して、数カ月が過ぎた頃に会社内で体験した話だ。

勇作君の部署は総務部で、一人の先輩が教育係として付いてくれたという。

先輩は中山さんという、三十歳くらいの温和な男性。

中山さんは優しく丁寧に仕事を教えてくれるので、勇作君は慣れないことでもスムーズに覚えることができたそうだ。

ある日、勇作君は中山さんと社内の最上階にある倉庫に来ていた。

最上階の倉庫には、商品ではなく主に会社の消耗品や備品、更にはレクリエーションや社内イベント等に使う道具などが置かれていた。

「今日はここの中の物を、色々と片付けようか」

中山さんの指示の下、勇作君は倉庫内の整理を始めた。

勇作君が幾つもあるダンボールを手早く運んでいると、倉庫の棚の隅に楽器のドラムが一つ置かれていることに気が付いた。

勇作君は楽器に詳しい訳ではなかったが、そのドラムは中学生時代、学校にいた鼓笛隊が首や肩から提げながら叩いていた物と同じタイプだったそうだ。

「このドラムも会社の備品なのですか?」

勇作君が近くにあったスティックで、ドラムを軽く叩きながら中山さんに訊いた。

「うん、そうだよ。以前は会社の歓送迎会とかで盛り上げる為に使っていたけど、今はコロナであまり派手な集まりはできないから、ずっと出番がないいんだ」

古いノートパソコンを運びながら、中山さんは笑って答えた。

「早くこいつが活躍できる日が来るといいですね」

勇作君はそう言うと、再び残りの作業を始めた。


その日の退勤時、勇作君はポケットに入れていたはずの、花粉症用の目薬がないことに気が付いた。

幾つかの場所を探したが、見つからず困っていると中山さんが、

「もしかしたら、上の倉庫じゃないかな。結構中で動き回ったからね」

と言って勇作君に倉庫の鍵を貸してくれた。

最上階に上がった勇作君が鍵を開けて倉庫内に入り、電気を点けるとすぐに隅に目薬が転がっているのを発見できた。

目薬を拾い、顔を上げると棚に置いてある先ほどのドラムが視界に入る。

するとドラムの叩く部分が何故か大きく盛り上がって、山のような形になっていた。

それを見て、勇作君は背中に悪寒が走る。

まるでドラムの内部から、人間の頭が這い出ようとしているみたいに思えたからだ。

「丁度盛り上がった部分に、人間の頭が入っている感じだったんですよ」

実際にこのとき、勇作君は盛り上がったドラム内から、強い視線を感じた。

勇作君は「冷静に、刺激しないように」と、自分に言い聞かせながら静かに電気を消すと、倉庫の扉を閉めて鍵を掛けた。

「バリッ」

その直後、倉庫内で何かが割れるような音が聞こえた。

恐怖に耐えられなくなった勇作君はエレベーターも使わず、全速力で社内の階段を駆け下りた。

「顔色が悪いけど体調でも崩したの？」

中山さんに鍵を返すとき、勇作君はそう言われたが「大丈夫です」と倉庫内のことは話さずにそのまま退勤した。

数日後の昼休み、勇作君は倉庫にあったあのドラムを抱えている中山さんを見かけた。

「それ、どうしたんですか？」

勇作君が少し警戒しながら訊ねると中山さんは残念そうな顔をして、「いやあ、今さっき倉庫に行ったらドラムがこの有様で。もったいないけど捨てることにしたんだ」

ドラムの叩く部分は割れて、大きな穴が空いていた。

ドラムが捨てられた後、会社にも勇作君自身にも変わったことは起きていない。

しかし、今でも勇作君は盛り上がったドラムの部分から感じた、何かを訴えるような強い視線を忘れることができないという。

モーメント

佐々木さんは祖父の代から引き継がれてきた資産を利用して、生活している。

彼は謙虚で物静かな性格のようで、豪奢《ごうしゃ》な暮らしをしていることをひけらかすような真似は対面中に決してしなかったが、趣味の話を振ると、俄然スケールの大きい話が展開された。

佐々木さんは民族楽器が大好きで、収集したものを自由に弾けるようマンションの広い一室を改造した個人スタジオを持っているというのだ。

十年以上の間主に打楽器を集めていて、「その全数は把握していないっすね」と佐々木さん。

スタジオに入りきらないものは、これまた違うマンションの一室に保管しているというのだから、これには資産力を感じざるを得ない。

「それはまた、かなりの趣味人ですね。しかし、それだけ世界の楽器が集まっていると聞くと、私のような仕事をしているとですね……何か、あるんじゃないのかなあ……と」

「ああ。ですよねですよね。そういう話が聞きたいんですよね。それがね……あったんですよ。ああ、ここの喫茶店、有線がジャズチャンネルなんですね。良いなあ……」

何ということはない一日の中で、昼夜問わずそれは起きることがある。

例えば、佐々木さんが暮らすマンションの鍵を開け中に入り、バタリと後ろ手にドアを閉めた後の一瞬の静けさの中。

例えば、夜中に風呂の準備をする為、蛇口を捻り、ドボドボと浴槽の底にお湯が当たる音に混じって。

例えば、日曜午後の暇を持て余し、スマホでネットサーフィンをしているとき。

トントトントントトントントトン。

シャンシャシャンシャンシャンシャシャン。

極小の音量で、何処からか打楽器の合奏が聞こえてくるのである。

耳鳴りのような、実際に遠くで演奏会が開かれているような、そんな感触がある音。

息を殺して音に集中すると、音はいつしか消える。

気のせいにしては頻度が多く、やはり確かに鳴っているという意識が強まっていく。

とうとう訪ねてきた友人達の中に同じ音を耳にする者がちらほら現れだし、それは気のせいではなくなった。ワールドミュージックマニアの友人は「これは良いな。音源があったら欲しいな」とコメントを漏らしさえするのだ。

極小の民族音楽を耳にした誰もが「隣室で掛かった音楽」「配管を水が通る音」「屋外の離れた地点で何者かが楽器の練習をしている」など物理的原因があって聞こえてくる音な

のだろうと判断していた。

「でもね。ほんと最近知ったんですよ。この音が何処から聞こえてきているのか分かったんですよね。でも――」

トントトントントトントトトン。

シャンシャシャンシャンシャシャシャン。

ある日、本格的に部屋のあらゆるところに耳を当てて、音の発生源を探った。

（ああ、ここからか……）

民族楽器の軽快かつ複雑なその演奏は、自分の右手の人差し指の先から鳴っていた。

指を耳に突っ込むと、打楽器のポリリズムが織りなす土着的なビートの素晴らしさを大音量で堪能でき、佐々木さんは驚愕よりもその甘美さに心を奪われてしまった。

だが、暫くそうしていると指先演奏会は終演。

「――そのときから金輪際演奏は聞こえなくなりました。んん。確かにもったいないような……。でも、音楽ってそういうもんじゃないですか？　儚いから美しいんです」

葉っぱ

紗和が離婚して暫くして娘と二人引っ越した先でのこと。

窓際に置いた二段ベッドの上段に娘を寝かせ、紗和も早めに下段の布団に潜り込んだ。ウトウトと心地良く微睡《まどろ》み始めた頃だったろうか。

――こんこここんこんこんこん。

硝子か陶器でも叩くような鈍い音がした。

右手の窓の外こそ二軒分の空地が広がっているが、ベッドの足元の方向には大通りがあり、そこに面して学校やコンビニもある。夜でも薄っすらと差し込む外からの明かりが薄いカーテンを通して室内はほんのり明るい。伴うそれなりの喧騒もあって、そのときは特に何も考えず目を閉じたままだった。

――こんここんここんこ。

――ぱーん、ぱーん。

――ぺたーん、ぺたーん。

なおも続くその音は何やら楽しそうだ。目を開けて音のするほうを見た。

差し込む薄い明かりに照らされて、指人形のようなものが動いている。

――こんここんここんここんこ。

――ぱーん、ぱーん。

――ぺたーん、ぺたーん。

硝子の破片のようなものを何かで叩くもの。

それに合わせて拍子を取るように頭上で手を叩くもの。

大きく足を開いて踊るように飛び跳ねるもの。

頭の形が不揃いで、着物を着たひょろひょろした手足のそれらが実に楽しげに。

――こんここんここんここんこ。

――ぱーん、ぱん。

――ぺたーん、ぺたん。とん、ととん。

頭部の大きさがそれぞれ違うのは、頭があるべき場所が葉っぱだからだ。

細めの小さい葉。ハート型の黄色い葉。椿のような艶のある分厚い葉。鼻筋に見えなくもない葉脈と目のような丸い小さな穴が二つ。口を開けて笑った形に切り抜かれた口元は向こう側が見えている。レースのカーテン越しにそんなものがただ楽しそうに踊っている。

その様子が本当に楽しそうで微笑ましくて、つい小さく笑い声が漏れた。

途端に小さな葉っぱの異形達はすうっ、と消えた。

後には音頭を取るのに叩いていただろう小さな硝子の欠片。ああ、驚かせるつもりではなかったのに。

折角楽しんでいたものを邪魔をしてしまった。ほんの少しの罪悪感とともにそのまま眠りに就いた。

翌日、娘を学校に送り出した後、ベッドを整えていて気付く。

昨夜の硝子片が窓枠にぽつりと残されていた。それを手に取り、少し考える。

少し鈍い音だったのは硝子片を直接掴んでいたからではないだろうか。幸い、当時手作りアクセサリーの制作を趣味としていたことで、道具と材料はある。

硝子片にレジンで紐を付ける。これで少しは音が澄んだものになるだろう。

余っていた五ミリ程の鈴二つにも紐を付け、硝子片と一緒に窓枠に置いた。

その晩、ちりん、と鈴がなるのを聞いた。目は開けなかった。また自分に気付かれたと知ったら消えてしまうだろうから。

空地の叢《くさむら》などで楽しく踊ってくれたらそれで良い。そんなことを考えていたらいつの間にか眠ってしまった。

翌日、学校へ向かう娘を見送って、紗和も仕事へ向かう準備をする。ヘッドボードの宮棚に置いてある携帯電話を取ろうと何げなく視線を巡らせた先。

窓枠の隅に一輪、小さな白いヒメジョオンの花が置かれていた。

——ちりん。

——ちりりん。

——かかん、かかかん。

窓の外で楽しげに軽やかな音がした。

絶対音感

宗明さんの人生が変わったのは、間違いなくこの出来事からだという。
膝小僧が冷え始める季節。体育館のステージは豪華に飾り付けられていた。
上には『J小学校 第○回 音楽会』の垂れ幕。
赤のビロードに金のタッセルが美しい、重厚なカーテン。
その裏には楽器が並んでいる。
耳を澄ませば、校内のあちらこちらで歌声や楽器の音が響いていた。
音楽会シーズンが訪れたのだ。
五年生になる宗明さんも、他の子供達と同様に練習を重ねていた。

この小学校では、四年生から鍵盤ハーモニカ以外の楽器が演奏できる。
宗明さんの担当はチューバ。
競争率は高かったのだが、運が彼に味方してくれた。
去年からやりたくて仕方がなかった楽器だった。

抱えるだけで心が弾み、楽譜通りに演奏するのが楽しかった。

しかし、練習場所が音楽室から体育館に変わるとそれは一変した。

音の聞こえ方に異変が起こったのだ。

楽器の音がぼんやりとしか聞こえない。

自分が正しい音が出せているのか、全く分からない。

霧のように散ってしまい、ほんの少ししか耳に届かないような。そんなもどかしさを感じた。

病院で検査をしても原因は不明。

だが幸いにも、問題なく演奏できていると教師に判断され、チューバは他の生徒に託されずに済んだ。


音楽会当日。宗明さんは酷く緊張していた。

音が聞こえないのに自分が演奏してもいいのだろうか。

考えるだけで胃の裏が毛羽立つようにぞわりとした。

気を紛らわせる為に、舞台袖から前の組の演奏を眺める。

ステージの熱気の向こう側。逆側の舞台袖。

そこに束ねられた赤いカーテン。

内側からもごもごと動いているのが、見えた。
『次は五年三組の皆さんです！』
アナウンスと同時に同級生に押され、ステージに並んだ。
チューバを構える。
指揮台の教師が全員と視線を交わし、指揮棒を振り上げた。

やはり音が分からない。
焦れば焦るほど、分からなくなる。
感覚で息を吹き込み、指が覚えたままに動く。
まるで幽体離脱したかのように、現実味がない。
集中できずにいると、チューバに反射するものに目が留まった。
金色に映る湾曲した赤。そして、人の形。
前の組の生徒達は既に席に戻っている。
退出側の舞台袖には誰もいないはずだった。
映った人物を確認しようと、顔の角度を変える。
そこにいたのは、老婆。
少しずつ近付いてきているようで、チューバに映った姿がじんわり広がっていく。

誰だ。
いや、こんな老人がいるはずがない。
誰かの家族か。

そうこうしているうちに、背後に気配を感じた。
背中に鳥肌が立つ。
上から下へとすうっと手が通ったのだ。
瞬間、耳に音が戻った。
目が冴えるほど音の飛礫《つぶて》が鼓膜を叩く。
音の鮮明さに恐怖が覆された。
既に緊張や焦りはなく、高揚感だけが彼を支配する。
演奏はフィナーレへと向かった。

気付いたときには背後の気配はなく、チューバにも何も映っていなかった。
ステージから撤収する際に老婆を探したが、やはり見つからずじまい。
だが、見つからないことに安堵の溜め息を漏らす外なかった。

本当に老婆が背後に立っていたとしたら、大騒ぎだっただろう。

彼が見ていた赤は、カーテンではなく、老婆の頭から流れる血の色。

顔が殆ど潰れており、酷い有様だった。

それを見たときは動揺し、席を立ち上がる寸前だったのだが。

身体は演奏を続け、意識だけが恐怖に支配されていたのだという。

このときほど自分の目を疑ったことはなく、見間違いであってほしいと今も願っているそうだ。


この日から、彼は耳に不安を感じたことはない。

どんな曲でも一度聞けば演奏できるほど、音を拾うようになったらしい。

人々は「絶対音感」と評すが、当の本人は音楽から離れられなくなる呪いだと話す。

現在、彼はこの耳を活かし、ピアノ奏者として活躍している。

肝試し

今井さんが小学四年生の夏休みの話。

学校行事として肝試しが小学校校舎内で行われた。

玄関から入り、建物をぐるりと一周してくるものだった。

教師や親御さんが教室に隠れ、来た生徒を適度に驚かせる。

「予めそこまで内容を知らされていたので、特に怖いとも思いませんでした」

暗い校舎内を懐中電灯で照らしながら歩くのだが、大体潜んでいそうなポイントには気付いてしまう。

「うぉ――!!」

低い雄叫びを上げながら教師が飛び出してくるが、常にノーリアクションで対応してしまう。

あっという間に校舎を一周し、玄関まで戻ってきてしまった。

「どう、怖かった?」

出迎える保護者に訊ねられても、何の感想も出てこない。

早く他の生徒が戻ってきて、解散になることばかりを考えていた。

『ポロン、ピン、ポロロン』

微かにピアノの音色が聞こえてくる。

恐らくは音楽室で驚かす為に、誰かがピアノを弾いているのだろう。

それに伴い、悲鳴も聞こえてきた。

(女子だな。お約束みたいなものを怖がるなよ)

その後、戻ってきた生徒が保護者へ感想を伝えている。

「音楽室の絵が動いてヤバかった」

「お化けがピアノを弾いて、消えたのが怖かった」

よくある学校の七不思議の話をしていることから、恐怖心で幻覚を見たりしたのだろう。

今井さんはますます早く帰りたくなっていた。

『ジャーーーン!!』

突然、鍵盤を強く叩く音が聞こえてきた。

立て続けに悲鳴や泣き叫ぶ声も聞こえてくる。

音楽室の照明が灯され、窓が開けられると、玄関先で待機している保護者を呼ぶ教師の姿があった。

何かの緊急事態と判断されたのか、校舎内の彼方此方で明かりが灯されていく。

「いいかい、ここから絶対に動かないで!」

数人の大人を残し、次々と教師は校舎内へ走っていく。

今井さんの性格上、じっとはしていられなかったので、後に続くように校舎内へ潜り込んだ。

目指すは音楽室。そこで何かがあったに違いない。

駆けつけた音楽室は騒然としていた。

現状を把握しようとしていた大人達は声を荒らげている。

女子生徒二名は床に座り込み、失禁もしているようだ。

その周囲には音楽家の肖像画が散らばり、隣接する音楽準備室からはトライアングル、シンバル、ウッドストックなどの様々な楽器が騒音のように鳴り響いている。

「もう、やめなさい！」

「いや、誰もいませんって！」

パニック状態の大人の間を縫うように、今井さんは音楽準備室を覗き込む。

中は楽器が散乱し、音を鳴らす人は誰もいない。

その状態ではあるのだが、変わらずに色んな楽器の音は鳴り続けていた。

「もう、とにかく生徒を避難させてください！　急いで！」

今井さんと女子生徒達は、抱え込まれるような形で退去させられた。

「その後は強制終了ですよね。失禁していた子は先生が他の子に会わないように送り届けていたし、まだ肝試しの途中だった生徒も玄関先に集められて、ちゃんと説明のないまま終わりですよ」

今井さんの親からは、驚かす役の大人達が張り切り過ぎた為、中止になったと説明を受けた。

「まだ夏休み期間だったんで、子供達の間では噂が広まりましたよ。音楽室でとんでもないことが起きた、と」

実際には起きてはいないことまで尾ひれが付き、彼の小学校の七不思議は音楽室だけで占められるようになる。


あれから十数年が経った。

今井さんは当時、音楽室で隠れていた先生と偶然再会し、酒を飲みながらそのときの話を聞けたという。

——ピアノの下に隠れていたんだ。

生徒が入ってきた音がしたから、声を上げて飛び出ようとしたら、その前に悲鳴が聞こえた。

慌てて僕も外に出ると、教室内に突風が吹いていた。渦というか、竜巻というか、黒い雲が渦になっていると言ったほうがいいかな。

事態が把握できずにいると、ピアノが凄い音で一回鳴った。

で、音楽準備室のほうから地震のような揺れの音がして、生徒は泣き叫んでいるし、咄嗟《とっさ》に窓を開けて助けを求めたんだ。

「あれって何だったんでしょうね？」

「さっぱり分からん。あれ以降、音楽室が荒れたようなこともないし、本当に何だったのか……」

因みに風を伴った黒い渦は、照明を点けた瞬間に消え失せたという。

月明かりが差し込むだけの暗がりでも分かる程に、黒い色だけは今も覚えているそうだ。

ウェストミンスターの鐘の音

　今でも後悔していることがあると、健司は言った。彼は三十代後半のサラリーマンで、既婚者だ。以前の趣味が心霊スポット巡りだったらしい。

「何を後悔してるのかっていうとね。もう十年くらい前に行った心霊スポットのこと。それからずっと続いていることに、他人を巻き込んじゃったことです」


　平成の後半の話になる。

　健司はとある心霊スポットに足を運んだ。同行したのは古馴染みの友人の明子と、その友達の祐実だ。

　健司自身はそこに何度も足を運んだことがあるが、女性二人は初めての訪問だという。いつものように、健司が心霊スポットに行こうと軽い気持ちで明子へ持ち掛けたところ、彼女の高校時代からの友人という祐実も一緒に行きたいといって付いてくることになったのだ。

　健司は祐実とは初対面だったが、彼女も怖い物好きで、少し霊感があるのだと自己紹介をした。

心霊スポット巡りが趣味の健司の車には、高性能なLEDを内蔵した懐中電灯が二本と、予備として三本の小型の懐中電灯が積んである。念の為に新しい電池を道中のコンビニで買い込み、女性二人には明るいほうを一本と、予備として小型の懐中電灯を一本ずつ渡す。これだけあれば、自分はライトを点ける必要はないだろう。

彼はダメ押しに、尻ポケットに小型のライトを一本刺した。

心霊スポットを訪れる際に、健司は毎回その道中を記録している。だが、動画は一人ではなかなか上手く撮影できないのが悩みの種だった。特に光量の問題は大きかった。

最後のコンビニから三十分以上走って現地に到達した。路肩に車を駐めて準備をする。明子が渡されたLED内蔵の懐中電灯を点けて、光を収束させたり拡散させたりする。

その後で彼女は言った。

「こんなに明るいと、心霊スポットでの肝試しっぽくないよ?」

「ちょっと光を顔に向けないで。明るいのはビデオを撮りたいからだよ。光がないと映像のノイズが酷いんだ。だからそのライトは前に向けて歩いてほしい」

何だ撮影用かーと言って、明子はケラケラ笑った。どうやら健司が怖がりで、昼間のような明るさで周囲を照らすライトを選んだのだと早とちりしたらしい。

「何かあったら、色々するにも光があったほうがいいからね」

健司はお返しに明子のことを脅かそうかと考えたが、良いたとえがすぐに思いつかなかった。ただ実際に、転んで擦りむいたり、何かで切ったりということは有り得るし、真っ暗な中で所持品を落としたりしたら、ライトなしでは見つけることは不可能だ。

大きめのバッテリを取り付けたハンディビデオカメラを一台と、念の為にスマホでも動画を撮りながら廃道を歩いていく。目的は坂道を登っていく途中のトンネルだ。そこは過去に大きな事件の舞台になったという話がまことしやかに伝わっているが、健司にとってその真偽は重要ではない。トンネル前には女性の幽霊が出るという噂も聞いてはいるが、どの話が正しいのかは、最早誰にも分からないようで、怖い物好きの仲間曰く、取りあえず何かが出るっぽい、くらいの曖昧な話に落ち着いているようだった。

それさえも何度も訪れたことのある健司にとっては、あまり意味のある情報ではなかった。好きで年に何度も通っているが、結局何も出ないのだ。

だから彼にとっては、今回は女子二人と出かける夜のハイキングのようなものだった。

明子は彼女ではないけれど、趣味の合う友人というポジションで、そのうち付き合うことになるかもしれないと思っている。

峠の廃道は程よく荒れていた。劣化が始まった舗装道の両端は、枯れ葉や朽ちた枝に覆われていて、時々太い枝が進行方向を塞いでいる。

道行きはだらだらと続く上り坂で、右に左にとつづら折りになっている。両脇の林の向こうは、墨で塗り潰したような闇で全く見通すことができない。

「ちゃんと映ってるかなぁ」

前方を懐中電灯の光で明るくしてくれと頼んではいたが、それをきちんと言われた通りに守っているのは祐実のほうだけだった。明子のほうは落ち着きを失って、あちらこちらに光を向けてはケラケラ笑っている。

——何かが彼女の箍《たが》を外しに掛かっている。

そういう見方もできなくはないが、単にテンションが上がっているだけだ。長い付き合いなのでよく知っている。つまり、彼女に照明役を任せた健司の判断ミスだ。

「明子、テンション高いですね。長い付き合いでも、あんなの見たことないですよ」

「あいつ、心霊スポットに来ると、やけにはっちゃけるんだよ。何だかよく分かんないけど、野生に戻るような何かがあるんかね」

その言葉に、祐実はくすくすと笑った。

「ビデオは撮ってるけど、最悪、音だけでも良いんだよね。変なことが起きてくれればラッキー、っていう話なんで。うーん。やっぱ暗いと手ブレ補正効きづらいなぁ」

動画を編集するのは半ば諦めている。そもそもどうしたって同行の女性二人が映り込む訳で、そもそも彼女達には動画配信サイトで公開するとも伝えていない。

アンフェアなのは嫌だった。

だから、撮影も単なる記録のつもりで、途中で何か変なことでも起きてくれれば御の字という、やや消極的な振る舞いになる。

――それもいいだろ。

健司は何の気なしに、背後を振り返った。通り過ぎてきたつづら折りは闇に包まれて、来た道を見通すことはできない。

「振り返ると真っ暗だねー！」

明子が懐中電灯を空に向けてぐるぐる回しながら甲高い声を上げる。一体こいつは何をやっているのか。

懐中電灯は眩しいほどの光を放っているが、照らせるのは一方向だけだ。

だから、背後はいつだって真っ暗なのだ。

見えないのは――怖い。

「――今、チャイム聞こえましたよね」

トンネル前の最後のカーブを曲がろうとしたところで、祐実が声を上げた。

健司には聞こえなかった。明子にも確認したが、聞こえていないとの返事だった。

「ちょっと待って」

スマホの地図アプリを起動する。周囲一キロに学校らしきものはない。

「夜十時半だぜ。こんな時間にチャイムって、鳴る？」

「あ、また鳴ってる。キーンコーンカーンコーンって」

健司と明子は顔を見合わせ、耳を澄ませたが、やはり聞こえない。

「祐実ちゃん、鳴ってないよ？」

だが、彼女は懐中電灯の光を林に向け、光の方角から音が聞こえるのだと再三繰り返した。

チャイムの音か――。

聞こえると言われると、聞こえるように思える。そういえば車を運転しているときに、何処からか救急車のサイレンが聞こえたように感じると、それから暫くは音が追いかけてくるような気になる。それも同じようなものなのかもしれない。

「あれ？　終わった。もう聞こえない」

祐実が不思議そうな顔をした。音は風に乗って聞こえてきたのかもしれない。

「いいよ。早くトンネル行こう？　もうすぐなんでしょ」

明子の言葉に頷く。予定より早く帰るにしたって、目的地まであと百メートルほどという位置から戻るなどという選択肢はない。

ビデオは撮っているが、もう動画素材としては意味をなしてない。だが、もしも彼女の聞いたチャイムの音が入っていたら――。

――面白い。

健司は帰宅してから音声だけでも確認しようと心に決めた。


トンネルが見えた。どうやらこの廃道は、近隣の生活道路という扱いになっているようで、トンネル内もまだ蛍光灯が生きている。だが、真っ暗な中に、ぼんやりと薄暗い蛍光灯の光は、逆に不気味なものを感じてしまう。

明子は興奮しているようで、早口で祐実に向かって色々と話し掛けているが、祐実のほうは殆ど何も返さない。

どんどん二人の歩く速度が速くなっていく。遅れまいと、健司も歩みを早める。

カメラがブレる。落としそうになったので、スマホは録画したままで、ズボンのポケットに突っ込んだ。本体が発熱しており、腿が焼けるようだった。

トンネルの前で、祐実が急に立ち止まった。

「あ。聞こえなくなった」

彼女は深い深い溜め息をついた。

「え、何が？」

「足音」

健司には何も聞こえなかった。明子は奇声を上げながらトンネルの出口を目指して走っていく。一方で、対照的なのは祐実だ。振り返ってトンネルの入り口を睨んでいる。

「ねぇ、足音って言ってたけど、誰の？」

「分かんないです。でも、二人分の足音がずっと付いてきてたんです。トンネルに入るちょっと前に音は消えましたけど。あれってもしかしたら――」

そこで祐実は少し躊躇いながら言葉を切った。

「あたし達がトンネルから出てくるのを待ってるのかも」

その言葉で、健司の腕に鳥肌が立った。

それを気付かれないように振る舞いながら、明子が戻ってくるのを待つ。程のいい斥候役だ。三人揃って奥まで進み、トンネルの出口を過ぎると、朧《おぼろ》になった満月が黒い梢の間に光っていた。

女性二人を無事明子の最寄り駅まで送った。

帰り道では足音も聞こえなかったらしい。何も起きなければそれが一番だ。

車をガレージに入れ、まだ寝ている両親を起こさないようにして二階の自室に向かう。

――少し疲れたな。

ぼそりと呟いて、自室のベッドに倒れ込み、ポケットからスマホを取り出す。

連続撮影が祟ったのか、途中で操作が効かなくなってしまい、今は電源を落としている。

残念だが撮影データは残っていないだろう。

スマホをケーブルに繋げ、どうしても気になっていたことを枕元のノートPCを開いて検索する。

小学校のチャイムはウェストミンスターの鐘というらしい。所謂イギリスの国会議事堂の鐘。ビッグベンの奏でる音とのことだった。

「へぇ、へぇ、へぇ」

一人で「三へぇ」と呟いて目を閉じた。あのチャイムがロンドンからやってきたとは知らなかった。

起きたら幹夫に連絡しないと――。

電源を供給され、枕元で息を吹き返したスマホには明子からのメッセージが入っていたが、その内容を読む前に意識が途切れた。

毎回心霊スポットで撮影したデータは、編集するしないは別として、最低一度は確認する。もし何かが映っていたら儲け物だからだ。特に今回は祐実の様々な発言があるので、期待が持てそうだった。

案の定スマホで撮影していたデータは記録されていなかったが、デジタルビデオカメラのデータは残っている。こちらには音も映像も記録されているはずだ。

心霊スポットに行ったときの映像は、いつも友人を家に呼んで一緒に確認してもらう。友人の名は幹夫といって、中学校時代からの腐れ縁で信頼に値する。そして友人関係の中でも数少ない「視える」男だ。

モニタの中で一行が歩き始めた頃には、幹夫は黙ったままモニタを見ていた。途中で祐実がチャイムの音がと言い始めたときも、まだ黙ったままだった。

やはりただの気のせいだったのだろう。

――今回も収穫なしか。

落胆しそうになった頃に、幹夫が眉間に皺を寄せて何度か首を振った。

「ちょっと三分ぐらい戻してくれる?」

言われた通りに早戻しをする。丁度、最後のカーブに差し掛かったタイミングのようだ。

「もう一回戻してもらっていい?」

幹夫は執拗《しつよう》にもう一回、もう一回と要求し、結局連続で五回見た末に黙り込んでしまった。

「――ちょっと、音大きくしていい?」

いいよと頷くと、幹夫は音量を最大にまで上げた。日曜日の昼間だが、近所迷惑だ。

「うるせぇだろ。そこまで大きくする必要ある?」

「いや、音声。女の人が何か言ってる」

風の音。足音。明子が祐実に話し掛けている声。バタバタという足音。乾いた何かが裂ける音。記憶にはないが、きっと枝でも踏んでしまったのだろう。

「ああ、明子とその友達――」

「違う。お前らの後ろを歩いてる奴の声」

幹夫がいつになく真剣な顔で画面に見入っている。

廃道の真っ暗な坂道を、何かが追いかけてきていたのか。

トンネルの入り口から、外を睨んでいた祐実の横顔が思い出された。

「――なんだろ。あー。多分女の子だ。小学生くらいの女の子が手を引かれて歩ってる」

「ビデオのほうでも視えるの？」

「いや、そっちは無理。声と音だけ。お前達の足音の他に、足音二人分が被ってる」

そう指摘されて耳を澄ますと、確かに自分達の足音以外に、何かがアスファルトを歩いている音が聞こえてくる気がした。

それとは別に、何処からともなく学校のチャイムの音が聞こえてきた気がした。

――小学校のチャイムの音だ。

窓に視線を向ける。今までこの部屋で学校のチャイムが聞こえたことなど、一度だってない。単なる気のせいだろう。だが、このリアルな音は本当に幻聴なのだろうか。

「女の子はスニーカー履いてる。足の裏か側面を引きずるようにして歩く癖があるね。もう一人はやっぱりまだ若い女の人だよなぁ。この足音はパンプスかなぁ。ちょっとコツコツする感じの音。で、女の人のほうが何か話し掛けてる」

幹夫が感じているものの解像度が上がっていく。

「あと、歌も唄ってるよね」

同意を求められても困る。

「童謡かなぁ。何だろう。これは女の子が心細くて、ぐずってるんだな。女の人は、それを励ましてるんだけど、その声に重なって、歌も入ってるんだよね。童謡？　小学校で習った曲かなぁ」

「二人って、母子？」

思いつきでそう意見を投げる。その発言を聞いて黙ったままの幹夫を確認しようと顔を上げると、幹夫が驚いた表情を浮かべたまま固まっていた。

「そうだよ」

自分の背後から声がした。女児の声だ。

「出た」

幹夫は目を大きく見開いて自分の背後を見つめている。

「え、出たって、何が？」

振り返れば自分にもそれが見られるのだろうか。

そのとき、階下から洗濯機が乾燥を終えた合図の電子音が聞こえてきた。それがきっかけだった。

「女の子と女の人。お前、親子って言っただろ。そんなこと言ったらダメだよ。最悪だよ。俺、帰るわ。こんな怖いのやだよ」

顔色を変えた幹夫は立ち上がり、自分の鞄を掴むと廊下に飛び出した。慌ててそれを追いかける。何処からか小学校のチャイムの音が響いてくる。

「お前、付いてくんなよ！」

こんな態度の幹夫は初めてだ。

「冗談だろ？　どうしたんだよ」

ずっとチャイムの音が響いている。ウェストミンスターの鐘の音は、こんな長い曲だったろうか。

「いやいやいやいや。冗談なんかじゃねえよ。もうお前の家には来ないから！」

幹夫は自転車に跨《また》がり、一目散に去っていく。

いやいやいやいや。待てよ。冗談はやめてくれよ。

うちらはこれからもここに住むんだぜ。幹夫、変なこと言わないでくれよ。

それにしても、このチャイムの音は、いつまで続くんだ――。

幹夫が健司の家を出てから十分程経って、健司の頭の中で流れていたチャイムはようやっと止まった。代わりに、何処かから救急車のサイレンが響いてきた。こちらは幻聴ではないだろう。

——幹夫といい、明子といい、俺といい、本当に大丈夫かよ。

今朝確認した明子からのメールには、ずっと鐘の音が聞こえるとの訴えが書かれていた。

あのときには聞こえなかった鐘の音が、自分にも明子にも聞こえるようになった。

家には入りたくなかった。先ほどの声の主は、まだ部屋にいるのだろう。

これはあのトンネルから連れてきてしまったということでいいのだろうか。

有効なのはお祓いだろうか。

どうしていいのか、まるで分からない。

そんなことをぐるぐると頭の中で弄びながら、結局夜まで家には帰らなかった。

一人で部屋に戻るのは夜のほうが怖いと気付いたときには後の祭りだった。

ただ、何かの気配も感じないので、拍子抜けだったが。

翌日、共通の知り合いから、メッセージで連絡が入った。

幹夫が交通事故で亡くなったという話だった。

詳しく訊ね返すと、昼間に自転車で一時停止を無視して車道に飛び出し、車と接触して電柱に突っ込んだらしい。

そういえば、丁度その時刻に、救急車のサイレンが聞こえていた。

受け入れ難い現実に頭が混乱する。

——喪服、あったかな。


祐実から連絡が入ったのは、幹夫の通夜の帰りだった。

「あの子、もしかしたら、あのトンネルに行ったかも」

明子の家の最寄り駅からトンネルのある廃道までは、交通機関が動いている時間帯なら、一時間半もあれば行ける。きっと何か確かめたいことでもあったのかもしれない。

だが、あんなところに一人で行くだろうか。しかもこんな夜になって。

祐実に訊ねると、彼女は先日廃道に行って以来、ずっとメールでその話ばかりされていたのだと打ち明けた。

「これ、見てください」

スクリーンショットが届いた。スマホの画面には、チャイムの音が聞こえるという話が何度も何度も繰り返されていた。

「あの夜以来、あの子が何考えてるか、全然分からないんです」

「車出すから、どっか近くで待ち合わせできる?」

幹夫のことがあったので、全く気が進まなかったが、明子に何かあってもいけない。

人は、いつ二度と会えなくなるか分からない。

祐実は既に廃道のある最寄り駅の改札を出たところにいるとのことだった。そこから一人で行くのは怖くなったので、連絡をしたのだという。

もう終バスも終わっている時間だ。急がねば。

「駅前にコンビニあるよね。一時間では無理だけど、一時間半は掛からないと思うから、そこで待っていてくれる?」


二人で眩しい光を放つ懐中電灯を握り、トンネルへと急ぐ。

峠道は意外と傾斜がある。ローリング族が何度も事故を起こし、亡くなった人もいるという話も聞いている。

だが、そんなことを言っている余裕はない。

息を切らしながら進んでいくと、何処からかチャイムの音が聞こえ始めた。

「聞こえます?」

祐実が不安そうな顔でこちらを見た。

「きーんこーんかーんこーん」

何処か調子外れなチャイムの音は、明らかに女性が上げている声だ。

「急ごう」

最後のカーブを抜けて真っ直ぐ歩いていくと、目指すトンネルの中から声が響いているのが分かった。声の主は明子だった。トンネルの中で、彼女はありったけの大声を上げていた。やけくそなほどの大声だ。

「きーんこーんかーんこーん！　きーんこーんかーんこーん！」

彼女はいつからこうしていたのだろう。


「これが、今でも僕の後悔していることです」

健司はそう言って、明子の今の状況を教えてくれた。

二人は数年前に結婚し、保育園に通う娘がいるという。仕事の関係で実家からは離れてしまったので、あのトンネルともご無沙汰らしい。

祐実とはまだ付き合いがあるというが、子供ができてから疎遠になった。明子は知っているだろうが、健司は彼女が何処で何をしているのかを知らない。

三人で暮らす家では、時々あのウェストミンスターの鐘の音が聞こえる。明子にも聞こえているので、近所の小学校から響いてくるのかと思っていたが、そうではないらしい。

録音しても、聞こえないからだ。

子供にもチャイムが聞こえるというし、二人のお姉ちゃんが家にいると繰り返す。

お祓いには何度も行っている。だが、何も変わらない。

ただ、鐘の鳴る音が聞こえる。

「正直、今でも明子はおかしいです。彼女が好きなんで、こっちでも二人で心霊スポットに行ったりもするんですけど、ずっと小さな声で、キーンコーンカーンコーンって歌ってるんです。本人は歌ってるのに気付いていないみたいで――」

心霊スポットに行くとテンションが上がるのは治ったらしい。

ただ、あのトンネルにはまた行きたいと、思い出したように繰り返しているという。

「正直俺は行きたくないんですけど、年末とかお盆とかに実家に帰省すると、絶対行きたがるんですよ」

何故行きたいのかは、彼女にも言語化ができないらしく、ただ何となく行きたいと繰り返しているらしい。

「あと、そうだなぁ。最近になって変わったことが一つあります。寝てると口笛が耳元で鳴るんです」

口笛は学校のチャイムの音だ。それで夜中に起きる。

ダブルベッドには寝息を立てる明子と、大の字になった娘の姿。

だから口笛の主は、きっとスポットから付いてきた二人のどちらかだろう。

「だから、付いてきたままずっと居座ってるんですよ。チャイムもきっとそのせいだし」

もう慣れちゃったのもあるけど、色々諦めています。せめてこれからも大人しくしていてくれればいいんですけど——。

今でも健司はあの日、心霊スポットのトンネルを訪れたことを後悔している。

その後悔が終わる日はまだ来ない。

suite ―― 奇譚ルポルタージュ

今回のアンソロジーテーマは「音楽」であると言う。

古今東西、音楽には奇怪で恐ろしいエピソードが数多くあり、それぞれが様々な形で語り継がれ、書き記されてきた。

音楽と言えば、筆者は全く別の本に〈伝統楽器〉の話を書いた。核心部分を抜き出してコンパクトに纏められたと思っていたが、それは違った。詳細は別の機会へ譲りたい。

音楽の怪異譚には、音楽そのものや楽器（肉声、口笛、指笛など肉体を使った発音、手拍子、心拍など身体から生じる音を含む）、音、理論、伝承など多岐に亘る。

これから記すのは、そんな音楽にまつわるルポである。

＊

十数年前、新原《にいはら》さんは高校の吹奏楽部員だった。

彼の担当はトロンボーンである。トロンボーンは音程変化をスライド管で行う金管楽器で、オーケストラではハーモニーやメロディを担当する。

男性の声に近い音色と言われており、吹き方によっては様々な音が出るものだ。

高校二年の頃、彼はまだ誰も来ていない音楽室で独り練習をしていた。

ウォームアップを終えたとき、覚えのないメロディが唐突に頭に浮かんだ。

試しにトロンボーンで鳴らしてみる。どちらかと言えば民族音楽的な響きだ。既存曲に似ているような気もするし、全く似ていない気もする。

何となく良い旋律だと気に入った。繰り返し吹いていると、トランペット担当の女子二人が音楽室に勢いよく入ってきた。

どちらも硬い顔だ。そして音楽室をぐるりと見回すと、次に困惑した表情に変わる。

「……新原、独り（でいた）？」

そうだと答えたが、彼女らは納得がいかない様子だった。

「音楽室から女子の悲鳴みたいな声と泣き叫ぶ声が聞こえてきたから」

これは何かトラブルかと飛び込めば、新原さんがトロンボーンを吹いているだけだった。

自分達の聞き違いとは思えない。二人同時にということはないだろうと二人は訝《いぶか》しむ。

ああ、今吹いていたメロディがそう聞こえたのではないかと予想し、聞いてもらった。

全然違う上、普通の音にしか聞こえないと首を振る。

廊下から聴き直してもらったが、結果は同じだった。

結局、トランペットの二人が聞いた女性の悲鳴の正体は、未だ分からない。

頭に浮かんだメロディは譜面に起こし、後に何度か吹いてみた。が、あの音楽室で演奏したときと違い、あまり良くは聞こえなかった。

*

我が娘が太鼓を叩く姿を、保土田《ほどた》さんのビデオカメラが捉えた。

保育園の運動会の一幕だ。彼は機材を新調し、テスト撮影も済ませていた。

ただ、撮影ポジショニングが悪かった。前に沢山の保護者が並んでおり、邪魔なのだ。

腕を上に伸ばし、少し高い位置から映すことにした。幸い、構造的に液晶モニタをリアルタイムで確認しながら映すことができる。

鼓笛隊の出番が終わった。我ながら上手く撮影したぞと満足だった。

その日の夕方、撮影した映像を娘と妻に見せる為、カメラをテレビに繋ぐ。

再生を始めると、何故か左下の隅にずっと女性の後頭部が入っていた。明るめの髪色だ。長さは肩くらいだろうか。三十手前の自分達夫婦と同じ年代の印象があった。

この女性の頭部が、我が子の姿を遮るように時折中央へ動く。

こんな映し方は絶対にしていない。加えて音声もおかしかった。

我が子は小太鼓担当だったのだが、何故かリズムが飛び飛びに聞こえる。

保育園児なのだから、ジャストな叩き方にならないのは当たり前だ。しかし、収録された音声だと異様に音が抜ける。小太鼓パート全体が同じくだった。

トトトン、トトトン、トトトン、なら、トト　ン　ト　　ン　　トト　のように合間に打撃音が入っていない。我が子を始めとした小太鼓担当の子供達全員の腕の動きにすら合致していないのだ。他の楽器の音はしっかり入っているので、マイクの不調ではない。

そればかりか保護者の会話や歓声もきちんと録れていた。どういう会話かすら聞き取れるほど、と言えばいいか。

その会話の合間に、我が子の名が入っていた。

『ここ　ね　ちゃん――』

若い女性の声だ。途切れ途切れだったが、聞き間違いではない。

この後に何かを言っているが、そこだけ上手く聞き取れなかった。

誰の声だと推察してみるが、少なくとも保育園の知り合いに似た声色の人物はいない。

何処の保護者が喋っていたのか確定はできなかった。

どちらにせよ、我が子の勇姿を上手く撮れなかったことに変わりはない。

意気消沈しながら再生を止めると、動画選択画面になる。

試し撮りしていたはずの〈我が子の風呂上がりの姿〉と〈妻と二人で遊んでいる〉動画が綺麗さっぱり消えていた。削除した覚えはなかった。

鼓笛隊の動画のみメディアに保存し、ビデオカメラのデータを初期化した。

以降、カメラにトラブルは起こらなかった。

*

世界的疫病が大流行する前の頃だ。

辺見《へんみ》君達はライブへ向けて、リハーサルスタジオ入りした。

ベースとドラムにギターボーカルの彼という、三人編成だ。

ライブ用に有名バンドのコピー曲（他者が作った曲を演奏すること）と、オリジナル曲を用意し、通しで演奏してみる。頭から最後までハンディレコーダーで録音し、一部だけスマホで録画した。練習後の反省会に使う為だ。

通しリハは細かい部分を除き、さほど悪い出来ではなかった。

スタジオレンタル時間はまだ残っている。そこでいつも通りジャムセッションを始めた。

ジャムセッションとは、演奏者同士で即興演奏をし合うことである。

当然ハンディレコーダーで録音もする。思いも寄らないフレーズが飛び出すことが多々あり、新曲のアイデアになるからだ。

セッションを終え、スタジオを後にしたのが夜九時過ぎだった。

ドラムの部屋へ行き、軽食を食べながら録っていた音源を聞き、反省会を行う。

そしてジャムセッションの音声をチェックし始めた。

ベースが首を傾げた。チェロみたいな音が入っていると言う。

聴き直せば、確かに唸るようなサウンドが途切れ途切れに混じっている。コントラバスのような重低音の響きではない。低めの音域で緩やかに歌っているような感じだ。

聞き覚えのない旋律、かつ、セッション中のフレージングとは似ていない。牧歌的な、否、何処かエキゾチックでアジアン的な音階にも聞こえる。

楽器同士の周波数帯によっては、共鳴でおかしな音が発生することがままある。

多分それだろうと結論付けたが、明らかに無伴奏の箇所で鳴っている部分が数箇所あった。楽器が音を出していないのだから、理屈から外れている。

動画には一切同じ音は残されていない。ならレコーダーに原因があるのだと、その日以外に録った他の音声をチェックしてみても、似たような物は一つも入っていなかった。

音楽をやっているとおかしなこともあるのだ、と三人それぞれ納得する他なかった。

そのチェロらしき音をヒントにし、オリジナル曲を、と考えた。

優れた歌メロになりそうだったからだ。

チェロは人の声に近い音を奏でる楽器とも言う。だが、リズムに乗せにくい。結果、あまり良い曲にならなかったのでお蔵入りとなった。

＊

遠峰《とおみね》さん宅には、古い書物が残されていた。

中には古い踊り歌の楽譜らしきものも存在していたらしい、と彼女は述懐する。

らしい、というのは焼失して現存していないからだ。

書物含め、伝来の古い物を収めていた倉庫だけが焼け落ちてしまったのである。放火ではないかと疑われたが痕跡が見つからないままだった。

失われた楽譜のうち、江戸時代辺りに書き写されたであろうものがあった。

鐘や太鼓、笛、歌などの譜面だ。が、西洋的な五線譜ではなく、文字と記号の羅列でしかない。現代人には楽譜に見えないものだ。

だからどんな曲なのか見ただけでは予想すら不可能なものだった。

倉庫が火事になる前夜、遠峰さんの祖父はこんなことを口にしていた。

「倉庫には、世に出したらいけんものが、ようけある」と。

例の古い書物と楽譜がそれに当たると言う。江戸中期から幕末期のものらしい。

書物の内容に関し、専門用語のようなものを並べ立てられたので全て理解は不能であった。ただし、概略としては「遠峰家の本家筋が教祖をしている宗教の記録」だった。

本家は今で言う新宗教で、所謂カルトであった。「呪いごとに効き目があるち言《あると言》えて、そりゃあ人もようけ集まっとったわ。近隣の名士なんぞもいた。じゃけ、本家はそういう輩の力添えもあって栄えとったごたる」と祖父は苦々しげだった。

彼女も両親も初めて知ることだ。驚いていると、祖父が民謡のようなものを口ずさんだ。何処か調子外れで、喉全体を震わせるような奇態と言える歌唱法である。歌詞らしきものもあるのだが、聞き取れない。普段しっかりした口調の祖父とは思えぬ発音だった。強いて例えるならお経だろうか。だが、音程の上がり下がりが気持ち悪く、呪術的な印象が色濃い。祖父は歌いながら自らの膝を叩いて拍子を取るが、まともな拍ではなかった。少なくとも四拍子ではない上、時折リズムが変化する。

ひとくさり歌い終えた後、祖父は倉庫のある方角を指差した。

「あっこ《あそこ》にある譜面の歌よ。本家筋の宗教が作った踊り歌」

祖父が両手を上げ下げした。踊りの再現らしい。阿波踊りのような所作と、両腕を水平へ開く動きが混ざっており、途中で指先が複雑な形に変わる。

どうしてそれを知っているのか訊ねると、答えが返ってきた。

「子供のこい頃《ごろ》、本家で育てられ、そこでようけ仕込まれたから」

本家は、分家から祖父を引き取り、教団の子として育てていたようだ。

数えの十五になるまで本家で養育されていたが、後に本家から遠峰家ごと縁を切られた。

祖父が何かのしくじりをしたからだった、らしい。

祖父は当時のことをあまり覚えていないと口にする。それは嘘だとすぐに分かったが、追及するのを止めた。言いたくないことが伝わってきたからだ。

「さっきの踊り歌ァ、本当は歌っちゃいけなかったんだが」

今日は何故だか歌いたくなった、話したくなったと困り顔で祖父は笑った。

どうして本家の書物や楽譜が縁を切られたこの家にあるのか訊く。

「癪《しゃく》に障ったから盗んできたが、後から本家へ送り返した。しかしまた届けられたので保管している。棄てると呪いが掛かるという手紙が入っていた」

だから棄てられず、ずっと隠していたのだと祖父は真顔で答えた。

その日の晩、倉庫は中身ごと燃え落ちた。

火が消し止められた後、祖父はふさぎ込み、寝込んだ。そのせいかすぐに認知症が始まり、あっという間にまともに会話ができなくなってしまった。

その後、祖父は少し目を離した隙に家から逃げ出した。発見したときは既に事切れた後だった。倉庫があった場所からほど近い、水路の中で溺れ死んでいたのだ。

倉庫の焼失より一年待たないタイミング、二〇一九年十一月のことだった。

祖父が溺れていた水路は、僅かな水しか溜まっていなかった。

＊

浜内《はまうち》氏は、とある楽器の職人である。

伝統楽器の一種だが、そこを明確にするとプライバシーに触れるので伏せる。

氏と筆者の出会いは、前述の〈伝統楽器〉の話をしてくださった方によってもたらされた。

当初は「音楽とか楽器が好きなら、御紹介しますよ」というきっかけであり、取材ではなかった。数度顔を合わせているうちにそういった「音楽や楽器の不思議譚」をポツポツと語ってくださるようになったのだ。

例えば、氏が楽器を製作しているとき、明らかに自分以外の存在を感じることが多々ある。そんなときは完成前から「これはちょっと良すぎる（出来だ）な」と思ってしまう。

そんな個体は完成後に独りで鳴ったり、持ち主の家で不可思議な騒ぎを起こしたりする。手元に戻ってきてもそれは変わらない。だからわざと見えない部分の一部を加工して不完全にしてやると、途端に普通の楽器へと様変わりする。何事も完璧だとよくないのだ、未完成な部分を残してこそ、持ち主とともに育つのだ、とは氏の弁だ。

そんな氏がまだ修業時代、十五年ほど前だった。

二十七を前にしてそろそろ独り立ちをというタイミングで、ある女性に出会った。晴美という名で、二十九歳だった。

新幹線の隣の席に偶々座った相手で、すぐに意気投合し連絡先を交換した。師にも紹介し、三カ月で入籍。このタイミングで工房を立ち上げたのである。

晴美との生活は金銭的に楽ではなかった。が、いつも彼女がフォローしてくれる。貧しいが子供を作ろう、何とかなると計画したが、なかなか上手くいかない。

この頃、氏は繰り返し同じ夢を見ている。

能舞台の夢だ。屋外に設置されており、年季の入った立派な造りのものだった。舞台を正面に見て左側に橋掛かりがあり、右側後方に瓦屋根の建物が見えている。単なる住宅ではなさそうだった。その建物の後ろには背の高い杉が並んでいた。

ただ「何か気持ち悪い所だな」と感じた。現実世界だと能舞台を目にしてそんなことを思うことはないのに、と首を捻る。この時点でこれが夢だと彼は分かっている。何が厭なのか考えるうちに場面が転換し、知らない部屋に正座している。

膝の下には煎餅布団が敷かれ、傍らには潰れかけた枕があった。布団の下は畳敷きだが、日焼けし毛羽立っており、全体的に傷んでいた。

正面は何もない壁。左側の壁には少し高い位置に小さな窓が切られている。右側には玄関ドアらしきものと三和土があって、そこに古い雪駄が脱ぎ散らかしてあった。

広さは四畳半程度で天井は低い。風呂便所なしの粗末なアパートといった風情だった。足を崩そうとするが、動けない。夢ならではの状況だと理解する。

ふと気付くと目の前に誰か立っていた。

若草色で薄手のニットに、花柄フレアのロングスカート姿だ。

若い女性の雰囲気があった。見上げると、その顔には木地のままの木面が着けられている。眉間に深い皺が刻まれた、憤怒《ふんぬ》の面だ。相手は面を被ったまま、氏の回りを歩く。時々顔を覗き込んできた。様子を窺っている雰囲気だ。一体どういうことなのか理解できない。

動きは普通の人が行うような何げないものだが、それが却って厭な感じを受ける。

訳もなくゾッとした瞬間、目が覚めるのが常だった。隣の晴美に目を向けると、彼女はいつもグッスリ眠っている。だから自分は魘《うな》されたり叫んだりはしていないようだった。

夢を見始めて半年も過ぎない頃か。

面が変わった。黒い面で、角と牙が生えている。能などに使われる般若《はんにゃ》面だ。

黒般若は般若面でも一番鬼に近いと言われている。

それが四畳半の畳敷きを歩き回りながら、時々氏の顔を覗いてきた。

怖気を感じた瞬間、目が覚めた。

この日以来、夢に出てくる面は黒般若に固定された。


ある日、知己が訊ねてきた。数年ぶりだった。

氏の顔をひと目見るなり、彼は目を剥く。どうしてそんなに痩せたのだ、やつれているのだと心配げな声を上げた。毎朝鏡を見るが、そんなふうに感じたことはない。

知己は、何故お前の妻は気付かないのだと訝しむ。「まるで幽鬼のようだ。病院へ行け」と勧めてきた。彼が帰った後、改めて洗面所の鏡を覗いた。

鏡の中には痩せ衰え、血の気の薄い顔があった。自分のものだと思えなかった。

病院に検査へ行く算段をしている最中、晴美が離婚届を持ってくる。

もう貧乏に耐えられないという理由だった。

ああ、確かにそうだ、自分の元にいるのは可哀想だろうと思い、素直にサインをして離婚をした。ただ、晴美は成人後に親元から逃げてきたと聞いている。この後どうするのだと案じれば、彼女は「山梨に住む知り合いがいるから、そこへ身を寄せる」と答えた。移動するお金はあるから心配するな、落ち着いたら連絡先くらいは送ると言う。晴美は僅かな荷物を持って、出て行った。

以降、晴美から連絡が来たことはない。相手の連絡先である携帯も繋がらなくなった。氏も般若の夢を見なくなり、こけていた頬も元に戻った。

その後楽器が売れ始め、金銭的な余裕ができたことで、新たな恋人と付き合い始めた。ところが、今度は恋人が黒い般若面の夢を見るようになった。

能舞台から四畳半へ変わるのもそのままだ。

気が付くと恋人は痩せ細り、性格も悪いほうへ変わってしまっていた。

結果、別れた。次の恋人も同じくで、氏は今も独り身を貫いている。

＊

今回、執筆前に改めて浜内氏へ〈音楽にまつわる不思議譚がないか〉と打診してみた。

「自分以外のものでもいいいか」と来たので、問題ないですと答えた結果が、ここまで記した内容である。

そう。新原さん、保土田さん、辺見君、遠峰さん、浜内氏のエピソードだ。

実は浜内氏が「顧客や演奏家などの知り合いから聞いた」と言う体験談も幾つかあった。が、今回はこの五名の話に絞ろうと決めた。

それは何故か。きっかけは別件で浜内氏に電話したときのことだ。

『そうそう。遠峰さんの言う本家と、私ら薄い繋がりがあるんですよ』

新原さんと辺見君は強いて言えば、分家筋。保土田さんは伯母が本家より遠い分家に嫁いでいる。遠峰さんはもちろん分家で、一番本家に近い。浜内氏は「自分は分家に関する人間から数ステップ遠い親戚。他人に近い」のだと説明された。

元々浜内氏は新原さんの親族と知り合いだった。ここから新原さん、辺見君を知り、次に保土田さんが加わった。そして最後に遠峰さんと知己を得たのである。全員が本家とそれぞれが何らかの繋がりを持つことを知ったのは、偶然の産物だった。

取材初期から親族関係を匂わせる発言はあったが、そこで初めて知った。

ならば、親族という共通項で纏め、最後にあとがきか何かで〈五名は親族である〉と出すのはどうかと進言してみた。浜内氏は快く了承してくれた。が、少し言いよどんだ後、こんなことを質問してきた。

『これまで話した奴、書かれて本になったら厄落としになりませんかね？』

訳を聞くと、実は、と打ち明けられた。

新原さんは、社会人になった後に病気が発覚、後にそれが原因で大怪我をした。そのせいで、子をもうけるのが難しくなった。

保土田さんは鼓笛隊だった我が子を数年前に突然死で亡くしている。

夫婦ともに心に傷を負い、二人目は望んでいない。

辺見君のバンドのドラムが一年前に職場で落下死。同時期、ベースは働いていた工場で指を落とし、音楽を辞めた。辺見君自身は病気に悩んでおり、ギターも売ってしまった。

遠峰さんは一年前に婚姻話が出た。だが、ブライダルチェックで子供を授かるのが難しいと判明し、破談。今も恋人がいない。

浜内氏も現在は独身であるが、あの黒般若の夢が復活した。

何となく、現れる黒般若の体型や雰囲気が晴美に似ていると思うようになっている。

実は全員それぞれの出来事があった後、別々のタイミングで神社や寺に御祓い、祈願に足を運んでいる。その後、さほど時間が経たないうちに再び体調を崩したり、怪我をしたり、不運が舞い込んだりしたと言う。

『私もお寺へ行きましたが、それでも熱を出しましたし、未だ夢は見ていますから』

だから本に出すことで何らかの変化がないか、厄落とし的な効果がないかと期待しているようだ。曰く『早く世に出していただけたら、助かります。まあ、本になったら厄が落ちる、は勝手な思い込みですが』と。

今回のアンソロジーが出るタイミングが一番早い。だからこのような形で纏め、世に出した――のだが、ここまで書いた後、再度浜内氏と電話で話した。

先日、遠峰さんからこんなことを言われたと氏は教えてくれた。

『本家は未だカルトを続けており、分家に呪詛を掛けている、って』

氏の口調は冗談めかしているが、遠峰さん自身は真剣な面持ちだったようだ。

何故そんな考えに至ったのか氏が彼女に問うと「電話で警告を受けた」と答えた。

おかしな訛《なま》りがある若い女性の声で『本家に仇なす穢《けが》れた血筋を絶やすよう、呪いを掛けた。子を絶やす呪いだ。子なしの呪詛だ』と一方的に捲し立てられ、切られた。電話が掛かってきたのはつい先日（本稿の締め切りより二週間ほど前）だった。

当の浜内氏は遠峰さんの発言を否定している。

『失礼だが彼女の疲れた精神から出てきた妄想だと思っている。そもそも携帯に相手の番号すら残っていなかったのだから、そうだとしか思えない』

忌避感を露わにしながらも、氏の口調にはある種の緊張が漂っていた。

気になるのは、本家と分家に何があったのか、ということだ。

氏の言葉を借りれば「分からない。ただ、双方立派な血筋ではないと聞いている」。

そもそもカルトだった話も遠峰さんからの言でしかない、と件の〈厄落としを〉と口にしていたことを忘れたような調子だった。


殆ど書き終えたタイミングで、浜内氏へ連絡を入れた。それぞれの体験談と本家のことをどのレベルまで公開して良いか確認をお願いした。

改めて各方面へ連絡をしていただき、氏から細かい指定をしてもらった。よって記載可能な部分を構成し直し、記したのが本稿である。因みに本家の場所は山梨県ではない。またその信仰の詳細についても秘す。

そしてこれまで分家や分家筋と記したが、実のところ本家と呼ばれるカルトの教祖の婚外子系統の家も含まれる。なので正確には分家とすら名乗れない立場も存在するのだ。この辺りはデリケートな問題が色濃く残る。

そういえば新原さん、保土田さん、辺見君、遠峰さんらは全員、一人息子やひとり娘であると浜内氏が教えてくれた。だから彼らが子を成さなければ、彼らの家の血筋が絶える可能性はあるが、と言いつつ、何か得心のいかぬ様子だ。

大体を話し終えた後、氏は笑いながらこんな言葉を漏らした。

『音楽関係の話を、ってことで声掛けして聞いた話だったんだけどなあ。変な方向へ進んでしまった。しかし、まだ新しい話が出てくるかも知れませんね』


――果たして、彼の予想は当たることになった。ここからは更に追記である。

遠峰さんと保土田さんから、浜内氏の元へほぼ同時期、別々にこんな連絡が来た。

『本家が日本全体に、衰退と死、根絶やしの呪詛を強く掛け直した』という電話が来たと言うのだ。おかしな訛りの若い女の声だが、遠峰さんが前に聞いた声ではなかった。当然、保土田さんにとっても聞き覚えのないものだった。どちらも携帯に掛かってきたが、何故かそれぞれ自分の携帯番号から発信された痕跡が残っていた。他、電話内容に関して詳細を聞いたが、紙幅が尽きた。別のタイミングへ譲ろう。

妄想か漫画みたいな馬鹿馬鹿しい話だと苦笑した後、浜内氏はこう言った。

――こんな呪詛が効果あるなら、それは暴力ではないテロ、呪詛テロですよ。

慰問袋

都内の高校に通う女子高生の美織さんが、去年の夏に体験した話だ。

彼女は去年、夏休みの自由課題のため、太平洋戦争について調べることにしたという。

彼女の曽祖父が出征経験者だったので、その娘である祖母に何か戦争の資料になるものは残っていないかと訊ねた。

すると祖母は後になって美織さんの部屋に、あまり綺麗ではない、いかにも古そうな布袋を一つだけ持ってやってきた。

それは出征時に兵士達が持っていた、慰問袋という物だった。

祖母の話によると、当時の戦場の兵士達は慰問袋に日用品を始め、薬品やお守り、家族からの手紙や写真などを入れ、恐ろしい戦地で戦っていたということだ。

「私の父親、つまり美織のひいお爺ちゃんは、戦争では運よく生き残ったのよ。でも船で日本の港に帰ってきた途端、車に轢かれて死んでしまったの。無事に帰ってきてくれたと思っていた私も母親も、あのときは本当に悔しかったよ」

祖母は、当時の曽祖父に起きた不幸な事故を思い返し、俯きながら小声で話す。

曽祖父が亡くなった後、曽祖母は自分と夫との思い出となるような物、生前の写真や衣服、道具や手紙類などを殆ど処分してしまったらしい。

「あのとき、母は僅かでも夫のことを思い出すのが辛く耐えられなくて、そんなことをしたのだろうね」と、娘である祖母も悲しそうに語る。

そして唯一、曽祖父の遺品として残っていたのが、この慰問袋なのだという。

どうしてこの慰問袋だけが残っていたのかは、祖母にも分からないそうだ。

美織さんは祖母から慰問袋を受け取ると、中を覗いてみた。

袋の中には、これまた古ぼけたハーモニカが一つだけ入っていた。

ハーモニカの金属部分は経年劣化によるものか変色し、全体的に所々が割れたり歪んでいて、少し見ただけでも時代を感じさせる物だった。

祖母の話によると、そのハーモニカは曽祖父の物ではないという。

戦友の形見か、あるいは戦地の何処かで、偶々手に入れた物なのか？

口笛すら碌に吹けない酷い音痴の曽祖父が、何故ハーモニカを慰問袋に入れて持っていたのかは今でも謎だった。

その後、美織さんは祖母から戦中戦後の体験談を聞き、慰問袋についてはネットなどで調べて自由課題のレポートを書いた。

そして例の古いハーモニカについては写真を撮って、パソコンに取り込み、

【当時のハーモニカ　曽祖父の慰問袋に入っていたが持ち主等の詳細は不明】

とだけ書いておいた。

その夜、美織さんはハーモニカの入った慰問袋を、自分の机に置いたまま寝た。

すると真夜中、突然、「フガァ～」という音が部屋の中に響いて起こされた。

「なに、なに⁉」

驚いて目を覚ました美織さんは、シーツの中で身を強張らせた。

「ファ～」

また、おかしな音が横たわる美織さんの頭上で鳴る。

そこには慰問袋の置かれた彼女の机があった。

「ファガ～フゥガ～ファ～」

今度は連続で音が鳴る。

「これは、ハーモニカの音かしら」

美織さんは、慰問袋に入ったままのハーモニカのことを思い出して身震いした。

しかし、祖母の話ではあのハーモニカは壊れていて、音は全く鳴らないと言っていた。

いいや、今はそんなことはどうでもいい。

問題は誰かが無断で美織さんの部屋に入り、彼女の机の近くでハーモニカらしき音を立てているということだ。

くいっと首を動かせば、横になったまま机のほうを見ることができる。

しかし、美織さんにはその勇気はなかった。

慣れないハーモニカを練習するような途切れ途切れの音は、それから暫く続いた。

「それにしても、何て下手なのかしら」

眠れない苛つきも手伝って、美織さんはその不器用な奏で方に、怖さよりもだんだん怒りがこみ上げてきた。

それでも彼女はいつの間にか眠っていた。


翌朝、目が覚めた美織さんはベッドから上半身だけを起こした。

「昨日の音は夢？」

そう思った美織さんは、木製のタイルでできた自室の床に目をやり絶句した。

机の上にあったはずの慰問袋が、何故か床に落ちている。

だが、おかしいのはそれだけではなかった。

袋の口からは、人形のような大きさの小さな黒い靴跡が伸びていたのだ。

その靴跡は部屋のドアのほうまで伸びていたが、途中で急に途切れていた。

靴跡の途切れた場所には、まるで墨汁をたっぷり付けた太い筆を縦に持ったまま叩きつけたような大きな黒い模様があり、その周りにはやはり黒い飛沫《しぶき》が飛び散っていた。

自分の部屋で起こった不可思議な出来事に対して、美織さんは恐怖で暫くベッドの上から動くことができなかった。

だが、時間が経つにつれて美織さんは徐々に落ち着きを取り戻し、床に広がる光景をじっくり観察できるようになった。

美織さんがよく観察した結果、彼女には袋から出た小さな靴跡の主が、今度は部屋から出ようとしたのを、また別の何者かが妨害し、上から叩き潰してしまったように見えた。

「おばあちゃん、ちょっと来て!!」

美織さんはベッド上に座ったまま、大声で祖母を呼んだ。

その声を聞いてやってきた祖母は、床に広がる不思議な光景を見てやはり驚き、暫くその場に立ち尽くしていた。

「これは……ちょっと待ってなさい」

祖母は一旦その場を離れると、すぐに雑巾とバケツを持って部屋に戻ってきた。

そして何も言わずに黒い靴跡と模様、飛び散った飛沫を綺麗に拭き取った。

「この靴跡は軍靴のものだよ。昔、嫌というほど見たさ」

黒くなった雑巾をバケツに入れながら祖母は言った。

「ハーモニカの持ち主さん、今になって自分の故郷に帰りたくなったのかねぇ」

慰問袋の中からハーモニカは消えていて、美織さんと祖母とで家中を探したが何処にも見つからなかった。

「真夜中に鳴った音、小さな靴跡、消えてしまったハーモニカ、全部がとても不思議な出来事でした。でも、これはあくまでも私の臆測ですが、靴跡の行進を阻止した別の何かがいたとしたら、そちらの存在のほうが一番不気味に感じました」

美織さんは最後にそう言って、話は終わった。

水漬《みづ》く屍《かばね》

一九七九年に聞いた話

田中さんというそのときの話者は、父親が戦後間もなくの頃、シンガポールから復員してきたときのことを語り出した。不思議な体験譚として、子供の頃から何度も聞かされてきたものだという。

この体験者である父親を、田中源造氏としておく。

彼の実家のあった長崎県の佐世保市は、奇しくも引き揚げ者の受け入れ港となっていたが、激しい空襲を受けて家の周辺一帯は、何もかもが瓦礫になっていた。

引揚援護局で家族の安否情報を探したがはっきりせず、親戚の家を訪ね歩くと、幸いなことに姉と弟は無事だった。だが、母親は行方不明のままだということを聞いた。多分、見込みはなく、父親は終戦の数カ月前に結核で死んだという。

親戚の家長から、

「姉弟のことは面倒を見てやる。……だが、それが精一杯だ。お前は食い扶持は自分で稼いでくれ」と言われ、源造氏は最敬礼をすると、そのままその家を出た。

街は満洲などからの引き揚げ者でごったがえしていた。これでは、多分ここの何処にも自分の居場所はない。

源造氏は軍属であったので、引揚局に降伏時の状況を報告する義務が課されていた。それを済ませ、そして、支給された僅かな援助金を使って鹿児島県の離島に渡った。

何処かで雇ってもらって漁師にでもなれれば吉。駄目なら釣りでもして魚を食っていればいい。何、島での野営生活には慣れっこだ、という半ばやけっぱちな行動だった。

だが、数年も経った頃には知り合った島の漁師と帯同して二人釣りの漁船を操っていた。

一九四九年の一月、やや風の強い日。その風で沿岸に押し流された小魚を狙うヒラスズキが釣れるかもしれないと、粗末な木造船で港を出ていた。

「釣り場はあの辺かな?」

「まあ、できるだけ磯に寄せないとな」

島の沿岸は、切り立った崖や、大岩奇岩が続いていた。一つ間違えれば座礁である。

その頃のエンジンは馬力が出ず、苦労して漁場に入った。

途中、米軍の哨戒《しょうかい》機が薄曇りの上空を低い高度で飛んでいった。

「まだ、機雷を探しているのか」

「掃海艇は見なくなったから、違うんじゃないか」と、島の漁師。

「ほら、いつもあの辺で列をなしていたが……」

顎をしゃくった先に、遠くを行く貨物船の姿が見えた。

「……引き揚げ船？」

「だな。……あれって、沈まない幸運な船として有名なんだぞ。海軍の輸送艦だったけど、元々はドイツの船で……今の名前は、確か」

……変な名前だったのは覚えているが、結局思い出せずにイライラした。

それにしても……南方から引き揚げてくる連中って、まだいるんだろうか？

そう思って、首を巡らせた先に思いがけないものを見て、源造氏は息を飲んだ。

磯の、一際大きなテーブル状の岩の上に、白っぽいセーラー服の上衣ともんぺを穿いた少女が立っていた。滑らかな岩の縁ギリギリで、眼下は絶壁に近い。

両手を胸の前で組んで、何だか歌でも唄い出しそうな気配を感じた。

「お前！　そんなところに立っていると危ないぞ！」

二人で大声で叫んだが、少女は水平線上に浮かぶ貨物船のほうを見つめ、そしてやはり、唄い出した。

海行《ゆ》かば
水漬《みづ》く屍《かばね》

山行《ゆ》かば
草生《む》す屍《かばね》
大君《おおきみ》の辺《へ》にこそ死なめ
かへりみはせじ

戦時中散々聞かされた曲だったが、源造氏は唖然としていた。鈴のような歌声とは正にこれのことだろう。……しかし、あの距離から何でこんなにはっきりと聞こえる？

呆気に取られていると、少女は急に身を翻し、姿が見えなくなった。そして、いつの間にか岩の向こう側を降りて移動したらしく、チラチラと身体の一部を見せながら、断崖に並ぶ岩の間をすり抜けるようにしていなくなってしまった。

「……何だったんだ？」

源造氏が、ふと島の漁師のほうを見ると、彼は目を見開き、冷や汗を掻いて気分が悪そうだった。

「……どうした？」

「……俺は根っからの島育ちで、この辺のことはよく知っているが……あんなところに、絶対道なんてないぞ」

「え？」

「そもそも、平坦な岩の向こう側なんてものがない。あいつは今、岩の中を突っ切って走りやがったんだ」

「……ええっ？」

「……ああ、もう沢山だ！　縁起でもねえ！　帰るぞ！」

そうして、その日は漁もせずに帰港したのだそうだ。

「ボゴタ丸」について

この唄う少女の話は、ある研修施設のホールで偶々行き合わせた大学生のグループの即席怪談会で聞かせてもらったものだ。回り持ちでその順番がきた田中さんが、もっと省略した感じで訥々《とつとつ》と話していた。

そうなったきっかけは、確かホールのテレビで心霊系の番組をやっていて、その影響だったのだと思う。グループリーダーみたいな人がいて、その人が多分発案したのだろうが、その場にいた全員を引き込んでしまったのだった。

田中さんの話は怪談と言うにはそれほど怖くなく、ひょっとして源造氏の見たのは地元の普通の少女なんじゃないかと思わせる部分もある。その為、その場にいた面々にはさほど訴求しなかったようで、すぐに次の話が始まった。

……しかし、私は何だか酷く気になってしまった。他の人が話しているような定番の怪談とは違う、独特の不穏なものがあるように感じられたのだった。

それで、田中さんが一人になった隙を見計らって話し掛けてみた。年上の大学生で、しかも凄く綺麗な人だったので顔から火が出る思いだった。

田中さんも、どう見ても二十歳前の若造が近付いてきたので明らかに面食らっていた。おどおどしながら「唄う少女の話をもう少し詳しく知りたい」と申し出ると、

「あら、そういうこと」と、言って笑った。

「もっと詳しいことは、父の日記に書いてあると思うから、調べて書簡で後日送りますね」

そう言われて、慌てて公衆電話の所に走り、置いてあるメモ用の紙に住所を書いて手渡した。


そして、翌週にはもう、分厚く便箋の詰まった封書が律儀に届いた。

日記の写しが主で、冒頭の話はそこから判明した部分を組み入れたものである。

源造氏はその後、九州本土に戻って水産加工の会社に勤めたらしい。それから結婚し、およそ三十年。この頃で確か還暦前くらいである。

そして、添え書きがあって、

「少女の話のある頁から、随分日付が離れたところに『思い出した！　ボゴタ丸だ！』という、走り書きがありました。きっと、少女が見つめていたという引き揚げ船のことだと思います」

と、記されてあった。

「ボゴタ丸？」

今ならインターネットで資料探しはあっという間なのだが、この頃は図書館くらいしかない。休日に何回か通ったが、この船のことについては遅々として詳しいことは分からなかった。

だが、一年くらいして、偶々見ていた地方新聞の「終戦の日特集」の片隅に、この船のことに触れた記事を見つけた。

ボゴタ丸は、引き揚げ事業における重要な輸送力だった。所属は米軍だが、日本人の乗組員もいたらしい。

一九四九年一月九日、ボゴタ丸はフィリピンのマニラ周辺に埋葬されていた邦人の遺体、四千五百十五体、遺骨三百七柱を積んで佐世保に入港した。

この遺体の大群は一カ月を掛けて、海岸で荼毘《だび》に付されたとある。

……この年の一月九日は、「唄う少女」の記事のある源造氏の日記の翌日に当たる。

源造氏が視認したのは、このボゴタ丸でまず間違いないだろう。

つまり……あの少女は、この船倉に詰め込まれた五千人に近い戦争犠牲者の亡骸に対して、「海行かば」を唄ったことになるのではないか？

……鎮魂の為に？

こういうことだったのでは、と田中さん宛に手紙をしたためて送った。

暫くして届いた返信には、

「こんなふうに、本当に思わぬ事実というのは判明するものなのですね。大変驚いております」とあり、

「『唄う少女』は、鎮魂の精霊さんというのか、上手く言えませんけど、そういう存在なのでしょうか。だとすれば、有り難い存在ですね」

と、感想が書いてあった。

……だが、後々そのことには疑問符が付くことになる。

「海行かば」について

「海行かば」という曲は、真珠湾攻撃の戦果発表の際に初めて放送に使われたのだが、太

平洋戦争全体を通しては、後半になればなるほど、ラジオで部隊玉砕の報を読み上げる際での使用が多くなっていった。やがて、被害がどんどん増えていることで、聞く者の胸を不安で潰すことになる。

しかし、その経緯からほぼ唯一の英霊への鎮魂歌として認識された。戦没者の遺体や遺骨を迎える際にも使われ、現在に於いても、みだりには唄えない曲である。

終戦までは、正式にではないものの「準国歌」とまで呼ばれた。

この曲の作曲者は文部省唱歌も作っていた信時潔《のぶとききよし》であるが、まさかここまで大々的に軍部に使用されようとは思わなかったようである。

作詞者は大伴家持《おおとものやかもち》で、つまりは万葉集・巻の十八の長歌から引用されている。意としては「海を行くなら、水に浸かる屍だ。山を行くなら、草の生える屍だ。天皇陛下の御許でこそ死のう。一身を顧みることはしまい」という、古代の武人の決意としてはごく当たり前のことを言っているように思うのだが、重厚な曲が付いたことと前半の死屍累々の情景を思わせる、勇壮さとはかけ離れた文章の為に、どうあっても印象深いものになってしまった。

大伴家持にしても、まさか自分の決意が国民精神にまで拡大されるとは思わなかったことだろう。

結局、歌詞そのものは古代の長歌であり、恣意的に選ばれたものではあるが戦後に於いてはあまり意味はなく、曲が使われた経緯から見て、これはやはり鎮魂歌なのだろう、というのがその頃の結論だった。

同時期、「ボゴタ丸」についての資料というのが、断片的に見つかりつつあった。

これが、思いがけず面白いので夢中になった。

一九三七年。ドイツのヴェーザーミュンデ（現在のブレーマーハーフェン市）にて建造。総トン数、一二三〇トン。全幅一〇・五七メートル。

「ボゴタ　Bogota」という艦名で、南米航路に就役。エクアドル到着時に欧州開戦の警告電を受信した。

連合国側の拿捕《だほ》を恐れて、五カ月を掛けてチリのコキンボへ移動。姉妹船「キト」とともに一九四一年五月に日本へ向けて出発する。

敵の巡洋艦等の警戒の目をかいくぐった二隻はマーシャル諸島で味方船舶から補給を受け、途中機関が停止した封鎖突破船「オゾルノ」の救援依頼を受け、日本船に偽装してこれを横浜まで曳航した。

横浜でドイツ海軍徴用船に指定されたが、日本側に傭船《ようせん》される。

その後、特設潜水艦母船「帝宝丸」として活動するが、これはドイツとイタリアの潜水艦向けの補給船だったらしい。

同じく「キト」も、「帝福丸」としてUボート用の燃料を移送していたが、これはボルネオ島近辺で米潜水艦に撃沈されている。

「帝宝丸」は、終戦まで生き残り、一九四五年の九月、シンガポールで連合軍に接収される。

その後は連合軍所属となり、復員輸送に従事。一九五〇年に、ドイツの海運会社に返還された……が、ここら辺から急に華々しさがなくなる。

一九五五年、デンマークへ売却。一九五七年にはギリシャの海運会社へ転売され「フリギア　PHRYGIA」と改名。更に同国のピレウスの会社へ転売され「アルキュオネ　ALCYONE」と改名された。

最期は一九六四年五月、セネガル沖で機関室から爆発火災を起こして沈没している。

流石の幸運船も、ここで命運が尽きたのかと思った。

一九九七年の手紙

その後、田中さんとは年賀状を交わす程度のお付き合いをさせていただいていたが、一九九七年の夏に唐突に封書が送られてきた。

源造氏が亡くなったことが冒頭にしたためてあり、何故か事の詳細が続いて書かれていた。

源造氏はもう八十歳に近かったが、矍鑠《かくしゃく》として日常生活に何ら問題はなかった。しかし、ある夜に一人で浴室に行ったらしく、翌朝、水を張った浴槽の中で水死しているのが発見されたのだという。

事故死とも自殺とも何とも判別の付かない様子で、急に何か認知障害が起きて半朦朧《もうろう》状態になったとも考えにくいとのことだった。

「実は丁度また、あの『唄う少女』の話を私の娘にしていた矢先のことで――」とあり、源造氏の十代後半の孫娘が、話を聞き終わって、

「そのお爺ちゃんと一緒に舟に乗っていた漁師さんはどうしているの？」と質問したのだそうだ。

なるほど、それは気にしたことがなかったな、と田中さんは思った。

すると、

「ああ、海に落ちて死んでしまったな」と源造氏は答え、

「漁師の宿命だから仕方ないとはいえ……しかし、それで怖くなって俺は陸の仕事を探したんだよ」と、田中さんのほうを見て話したとのこと。

「……私は恐ろしくなりました。あの少女に関わるとそういう最期を遂げてしまうので

しょうか。少なくとも今まで思ってきたような善意の存在ではなく、もっと忌まわしい何かだろうかもと考えてしまうのです」

……水死……水漬《みづ》く屍《かばね》……。

この件に関するノートを見直していると、ボゴタ丸の沈没した際の船名まで気になってきた。

「アルキュオネ」はギリシャ神話に出てくる女性名で複数いるのだが、アイオロスの娘であるアルキュオネの話がある。

夫のケーユクスが航海に出ていたが嵐に遭い命を落とす。アルキュオネはそのことを夢で知り、海岸へ行くと一体の水死体が遠くに漂っていた。

ケーユクスであることを直感したアルキュオネは、傍へ行こうとしているうちに変化して鳥になり、ケーユクスもまた鳥になるのだ……。

二〇一〇年の手紙

封書が届いていたが、千葉県銚子市というあまり著者とは馴染みのない所からのもので、差出人名も記憶になかった。

しかし、手紙の冒頭に自己紹介があり、田中さんの娘さんであることが分かった。

結婚して姓も変わり、千葉のほうへ嫁いだとのこと。どうも、一家で移住したらしい。

「銚子か……さては、水産業関係の繋がりかな……？」と思いつつ読んでいくと、とんでもないことが書いてあった。手紙の主を、千秋さんとしておこう。

ある日、千秋さんが仕事を終えて帰宅すると、台所で十歳になる娘さんが慣れない手つきでお茶を淹れていた。

「どうしたの？」と訊くと、

「知らないお姉ちゃんが仏様を拝ませてくれって」

「仏間に？」

「うん」

誰だろう？　……しかし、玄関にそれらしい外履きはなかったが。

そう思いながら、ゆっくり襖を開けて覗き込むと、セーラー服を着た少女が井然《せいぜん》とした佇まいで、一心に仏壇の源造氏の遺影に手を合わせていた。

……しかし……衣服は何処か擦り切れたような感じで、三つ編みの髪はごわごわとし、随分洗っていないような……。

「あなた……」

千秋さんに気付いた少女はゆっくりと振り返ったが、横顔の睫《まつげ》が見えそうなところで、既に何かが違うと思った。

顔立ちは整っていて美しい。けれど、人間の眦《まなじり》の造りと微妙に異なっているのではないか……。目の光が違う。

少女は立ち上がろうとした。

千秋さんは、田中さんから聞いていた「唄う少女」の顛末を思い出し、これがそれなのだと息苦しさを覚えながら理解した。

少女が少し身をくねらせ、手を組もうとした。

「やめ……」

お茶を持って近付いてきた娘さんを見て、いつの間にか掛かっていた呪縛のようなものが解けた。

「やめろ！　ここで唄うんじゃない！」

お盆の上の湯飲み茶碗を投げつけると、少女は避け、縁側のほうへ動いた。

「唄うなら、海にでも行きなさい！」

遠くに見える太平洋のほうを指差すと、少女は一頻り何か喋った。しかし、よく理解できない言葉だった。

で走っていった。

そして、口の端を歪めにやりとすると庭のほうへ走り、塀があるはずの方向へ凄い速さ

そして、それっきり姿を消してしまったのだという。

「少女の言葉は『今は』とかは聞き取れましたが、あとはアゴが何とかで、さっぱり意味が分かりませんでした。あと、お茶の入った湯飲みを投げつけたんですが、その中身のお茶が何処にも形跡がなく、全く消えてしまいました。よく考えると、大変恐ろしいことです。――母より勧められて手紙を書きました。ようやく落ち着いた気がします」

これは日本書紀にある、

〈今はよ　今はよ　ああ　しやを　今だにも　吾子《あご》よ　今だにも　吾子よ〉

という歌だったのかも、と思った。

意訳すると、

〈今はこうだ　今はこうだ　ああおかしい　今だってこうだ　人々よ　今だってこうだ人々よ〉

と、なる。

この歌には大伴氏の祖先が絡んでくるのだが……いや、そんなことはもういいだろう。

アレに、どういうつもりなのかとか、何を考えているのかとかを詮索するのは無意味な

気がする。
見かけたら、千秋さんのように全力で忌避するしかない。
……しかし……アレは、太平洋に向かって唄ったのだろうか。
……翌年、震災が起こった訳だが。
いや、結びつけてはいけない。
理屈ではない。
いけないのだ。

著者あとがき

雨森れに

音の怪異を集めていたら音に敏感になりました。毎日午前三時半、外から聞こえる足音と鼻歌が誰のものか気になっています。

つくね乱蔵

聖歌、御詠歌、賛美歌など、人の思いは音楽で力を増す。ならば、恨みや憎しみと結びついた音楽があっても当然だ。

渡部正和

私の人生において音楽は欠かすことのできない存在です。しかしよくよく思い返してみると、相当数の恐怖体験が音楽関連由来であったことを思い知り、戦々慄々としています。

服部義史

世の中の至る所に溢れている音楽は、怪談と融合性が高いものなのかもしれません。日常と非日常、表と裏、寄り添うようにいつも貴方のことを手招きしています。

久田樹生

何とか十九ページの指定に納め、このような形で脱稿とさせて頂きました。当初は十数ページの予定でした。今も浜内氏や他の方と話を続けています。

神沼三平太

学生時代に恩師が突然僕を呼んで、「気配の正体は、音だよ」と呟くように言った。後日その話をしても、彼には僕に伝えたという記憶がなかった。

雨宮淳司

ある噂のあるトンネルで、女の子の「フンフン、フフーン」というような鼻歌が聞こえたことがあります。犬鳴でも聞こえるそうですけど、どちらも楽しそうなんですよねえ。

高田公太

音楽に纏わる怪談の定番、「誰も弾いてないのに楽器が鳴る」は、もう単にそれだけでは誰も怖がらなそうですが、実際に起きたらこれ、めちゃくちゃ怖いと思います。

丸太町小川

多くの生物にとって、聴覚は危険を知らせる警報装置だといえます。人のそれが、他の感覚では捉え得ない何かを察知したとしても、不思議ではないのかもしれません。

松本エムザ

「譜面が完成した」音柱の名を持つ人気アニメのキャラクターが、激闘の場で発した決め台詞。今回拝聴した体験談の構成を決める際、ふと思い浮かべてしまいました。

内藤駆

小学生時代の話。教育実習生の男子大学生が、放課後にクラスの女子のリコーダーを舐めていたのがリアル怪談でした……。

橘百花

通っていた小学校が、二年生の時まで木造でした。新校舎の音楽室は三階にありよく覚えているのですが、木造の時の教室のことは全く覚えていません。

高野真

自宅の辺りは緑が豊かですので、早朝からキジバトが独特の抑揚でメロディを奏でます。夕方五時になると、防災無線のスピーカーが曲を吹鳴します。ここは平和で何よりです。

ねこや堂

五歳くらいの頃、近所の子供と遊んでいて「ヒュードロドロ」という怪しげな音を聞いたことがあります。幽霊が出るときの効果音のアレです。まあ何も出ませんでしたけど。

三雲央

数年前まで原稿書く際のＢＧＭはフリージャズ的なものばかりだったのですが、最近は郊外の住宅地の環境音が定番です。

加藤一

「劇伴ピアノ」を聞いたのは十年くらい前で、好きな話過ぎて珍しくあちこちで語ってきたのでもう書いたような気がしてましたが、まだ書いてなかったことに今回気付きました。

★読者アンケートのお願い

本書のご感想をお寄せください。アンケートをお寄せいただきました方から抽選で 10 名様に図書カードを差し上げます。

（締切：2023 年 7 月 31 日まで）

応募フォームはこちら

聞コエル怪談

2023 年 7 月 6 日　初版第一刷発行

編著……加藤 一
共著……雨森れに / つくね乱蔵 / 渡部正和 / 服部義史 / 久田樹生 / 神沼三平太 / 雨宮淳司 / 高田公太 / 丸太町小川 / 松本エムザ / 内藤駆 / 橘 百花 / 高野 真 / ねこや堂 / 三雲 央
カバーデザイン……橋元浩明（sowhat.Inc）

発行人……後藤明信
発行所……株式会社　竹書房
〒 102-0075　東京都千代田区三番町 8-1　三番町東急ビル 6F
email: info@takeshobo.co.jp
http://www.takeshobo.co.jp
印刷・製本……中央精版印刷株式会社